——少年读中国——
国之重器

郑 蔚 / 著

少年儿童出版社

写在前面的话

亲爱的少年朋友们,大家好!身处校园的你们,平日里大多时候,可能都埋头于繁忙的学业。尽管如此,相信你们也能通过各种渠道,感受到中国发展的蓬勃生机,体会到身为一个中国少年的责任和担当。

历史沧桑,一百年前的中国积贫积弱,饱受欺辱。就在这样的黑暗中,中国共产党诞生了,她犹如一盏明灯,照亮了中国的未来。一百年来,在中国共产党的领导下,建立了伟大的新中国;在中国共产党的领导下,改革开放从艰难起步到如火如荼;在中国共产党的领导下,人民生活越来越幸福美好……

如今，中国特色社会主义已步入到了新时代，中国取得的伟大成就举世瞩目！少年朋友们，你们一定想知道，这一个个成就的取得，到底经历了怎样的奋斗？每一位奋斗者又付出了怎样的艰苦努力吧？

"少年读中国"这套书的出版，为的就是让少年朋友们认识一个艰苦奋斗的中国、一个无惧挑战的中国、一个正努力实现伟大复兴的中国。

这里有你们也许未曾听说过的"八六"海战；

有你们过去只在电影、电视剧里见到过的"卧底英雄"；

有第一位在航母"辽宁舰"上起降的舰载战斗机试飞员；

有跋涉在冰川雪峰，接受各种极端环境考验，苦行僧似的科学家；

有我国第一代核潜艇总设计师在科研攻坚的道路上坎

坷而无悔的人生；

有2020年7月发射的火星探测器总设计师的"探月"和"奔火"的故事；

有正驾驶着"奋斗者号"深潜器遨游在大洋深处的深潜器总设计师；

还有正为执行我国第一座空间站飞行任务而努力训练的英雄航天员团队……

这些为科学进步、社会发展、国家安全和人民幸福而呕心沥血，甚至流血牺牲的科学家、发明家和人民英雄，以及他们面临的挑战、付出的努力、遭遇的挫折、赢得的胜利、怀抱的梦想，都如此真实而令人感佩，一定会激励你走向自己人生的正确方向。

少年时代，真的是一段十分重要的时光。在迈进2020年的门槛之后，少年朋友们，更应当以未来为己任，树立远大志向和高远理想，用积极的、昂扬的、奋斗的人生态度来面对困境，迎接挑战。

少年强则中国强！

少年朋友们，一起努力吧！

- (001) 陈冬："祖国，我们要为您飞得更高！"
- (027) 黄旭华：大海都知道
- (099) 梁晓庚：隐形飞机来袭？有我们的空空导弹恭候！
- (119) 孙泽洲：从月球到火星，走起！
- (139) 谢军：中国北斗，导航精度越来越高
- (159) 徐銤：研制中国快堆是"替天行道"
- (179) 叶聪：深潜，潜到比"海洋超深渊层"还要深

陈冬："祖国，我们要为您飞得更高！"

1949年的新中国开国大典上，尚在筹建中的人民解放军空军参加了阅兵式。万众欢腾中，9架P-51型野马战斗机、2架蚊式轰炸机、3架C-46型运输机和2架PT-19型教练机、1架L-5型联络机组成的受阅编队飞过天安门广场上空。

70多年后的今天，中国载人航天工程开始迈入"空间站时代"。2019年9月下旬，中华人民共和国成立70周年前夕，中宣部、中组部等授予中国人民解放军航天员群体"最美奋斗者"集体荣誉称号。

航天员是怎么练成的？有多苦，有多难，又有多幸福？

2019年盛夏的一天，在位于北京航天城的航天员大队，航天员陈冬回忆起了在执行"神舟十一号"飞行任务时难忘的一幕。他眉宇间充溢着幸福和豪迈："那是2016年11月9日，习主席亲自到载人航天工程指挥中心与我们天地通话。当时，指令长景海鹏和我正在做机械臂操作试验，地面科技人员通知我们习主席来了！我们赶紧停下手头的工作。习主席亲切地询问我们身体状况怎么样，生活怎么样，工作进展得顺利吗？视频非常清晰。我至今记得习主席说：'希望你们再接再厉，密切配合，精心操作，圆满地完成后续任务，祖国和人民盼望你们胜利归来！'听到习主席亲切的话语，看到习主席熟悉的身影，我真是激动万分，令我永生难忘。"

"当时，我们的'天宫二号'大约距地球近400千米，但我真觉得我们离北京其实很近很近。"他说。

这太空中的33天，是陈冬一生中非同寻常的生命体验。

从没有坐过飞机的少年，立志冲上云霄

每个人的青春，或许都会有若干次心灵被"震撼"的

航天员陈冬。

中国航天员科研训练中心 供图

体验。青春为何而"震撼",很大程度上影响了此后的人生选择、生命走向。

令陈冬难以忘怀的那次心灵震撼,是第一次跟随教官坐初教-6教练机升空。

"我是坐火车去长春飞行学院报到的。此前,我们一家人都没有坐过飞机,我从来也没有从空中俯瞰过大地。能冲上云霄,一直是我的向往。"陈冬回忆说,"记得第一次升空是盛夏时节,从驾驶舱看下去,庄稼茂盛,鲁中大地一片绿色。真是太震撼了!"

陈冬,1978年12月出生于洛阳一个普通工人家庭,父母都在洛阳一家铜加工厂工作。陈家有两兄弟,陈冬还有个哥哥。1997年,陈冬参加高考,成绩不错,但父母却高兴得有点沉重,因为大儿子已经在读大二,家里再供养一个大学生,即使再省吃俭用怕也难以负担。"父亲陪我去济南体检,他就住在边上价格最便宜的小旅馆里,"陈冬的话语里满是对老父亲的心疼,"等拿到飞行学院的录取书,全家都很高兴,这是免学费的,我也能上大学了。父母平时从来舍不得上饭馆,这次破例全家去饭馆庆祝了一下。"

和陈冬一起飞上太空的"神舟十一号"飞行乘组指令长景海鹏，和陈冬一样都属马，年龄却大了整整一轮，陈冬称他为"景师兄"。

景海鹏是农家子弟，家有三兄妹，他是老大。儿时全家靠父母白天挣工分、晚上捆扫帚换钱养家。中学整整6年，景海鹏没有吃过一次学校食堂，全靠家里带的馒头和咸菜，买不起汤，就喝白开水。夏天馒头容易坏，他每周要回家两趟取干粮，没有自行车，70里地全靠走。

这就是景海鹏和陈冬人生的"起跑线"。这样的"起跑线"，在有些人眼里是自身再怎么努力人生也不可能跑赢的。但就是这样的"起跑线"，让他俩成了从小就不怕吃苦的人！

"我非常幸运的是，中小学的班主任都特别好，"陈冬说，"小学3年级时，我很调皮。有一次学校给老师发点菜，都堆在小操场上。放学后，我和同学玩疯了，跳上菜堆又打又闹，糟践了不少菜。等到老师闻声赶来制止，我才知道闯大祸了。可杨老师没有骂我，而是温和地对我说，老师知道你是无意的，但这样一来老师吃的菜就没有了，以后凡事要为别人多想一想。在杨老师的'袒护'下，学校没有处罚我，但她的话我一直记到现在。冬天，我的手冻得皲裂了大口子，她看到了，就心疼地把我的手捂在她的手心里，就像我母亲一样。"

陈冬的中学班主任姚老师就像一位兄长，喜欢带学生们踢足球。原来陈冬和姚老师始终保持着联系，2010年陈冬加入航天员大队后，一直进行封闭式训练，和好多老师同学都失去了联系。后来他才知道，2012年，姚老师为此专门在《洛阳晚报》上发表了一篇文章《姚老师"想念你"》，令陈冬至今感动不已。

其实刚进飞行学院时，陈冬并不轻松。新训时，陈冬是班里被子叠得最差的。有一次，叠好的被子被班长直接扔到走廊上，他还非常抵触："把被子叠成豆腐块有必要吗？"直到教导员找他谈话："看似叠被子，实际上是军人意志和作风的锤炼和养成！"他才把叠被子当作"从老百姓转变为军人的第一步"。但更严峻的是，体能考核他的成绩又是倒数。1500米跑达标是5分10秒，他跑了7分钟，而3个月后必须通过新兵及格考试。当时每天早晨6点30分吹集合号，陈冬6点就起床加练，腿上还要绑上沙袋，晚上熄灯后练俯卧撑，否则怎么撑得上大伙啊。

3个月后,他的体能上去了,体重也掉了20斤。

陈冬这一届飞行学员的淘汰率高达70%,进校时11人,放完单飞再毕业时只剩3个了。2001年,他拿到了歼击机飞行与指挥专业毕业证书,以优异成绩从飞行学院毕业,分配到驻扎在浙江嘉兴的空军某团,成为一名驾驶强-5的强击机飞行员。此后11年间,他累计飞行1500小时,2次荣立三等功,成为飞行大队长。

很多人不明白,强击机飞行员和歼击机飞行员有什么区别?

强击机主要对地攻击,必须尽可能贴地飞行;歼击机主要是空对空作战,必须飞得高。陈冬心里一直不满足,总想改飞歼击机,飞得高点再高点。2003年,杨利伟成为中国飞天第一人;2005年,费俊龙、聂海胜圆满完成"神六"任务。飞船可比飞机飞得高太多了!当陈冬听说所有的航天员都是从战斗机飞行员中选拔的,他就有了当航天员的新梦想。

2009年,陈冬正带领飞行大队在西北参加演习,团长给他打电话说,由于你们在外执行任务,这次第二批航天员选拔体检,你们就不参加了。挂了电话,陈冬懊恼得连中午饭都吃不下。所幸的是，回到嘉兴，上级通知他们集体参加补检。

陈冬没想到，他的面试官是杨利伟。杨利伟问他："想成为航天员要面对更大的风险，付出更多，会照顾不了家庭，你会坚持吗？"

陈冬毫不犹豫地回答："我想成为航天员大队的一员，成为中国飞得最高的人。为了实现梦想，我甘愿为之付出。"

过载8个G的训练，每年都必须达标

2010年5月，陈冬和刘洋、王亚平等7名飞行员正式成为航天员大队第二批学员。报到那天，曾代表祖国出征太空的航天员在门口欢迎新队员。能与心目中的英雄并肩战斗，陈冬非常振奋。

航天员的培训是异常紧张而辛苦的。转椅训练主要是锻炼人的前庭功能，中国载人航天工程航天员系统副总设计师、负责航天员选拔训练的责任总师黄伟芬说："有的人一转就吐了，当然这样的人就直接被淘汰了，不可能录取。录取的航天员都是有良好基础的，但仍要通过专项训练，进行保持和提高。"

"转椅训练是我的弱项，刚开始，每次转完都会出冷汗，头发晕。为了锻炼前庭功能，我就买了一个可以旋转的电脑椅，坐在上面，让爱人一有空就推着我转。"陈冬说。

狭小环境心理适应性训练则是更艰难的考验。航天员乘组被关在仅有7平方米的狭小密闭环境中，还要被"剥夺睡眠"72小时。黄伟芬说："72小时不眠不休绝对'不辅助药物'，但科技人员会密切监测航天员的各项生理指标，以确保航天员的健康不受损害。"

陈冬感到最大的困难就是克服困倦，尤其是在第3天的凌晨四五点钟，尽管脑子是清醒的，但眼皮免不了打架。好在他们是3人乘组，大家轮流唱歌、讲笑话，终于把所有的实验和测试都进行到底了。

然而，最著名的是超重耐力适应性训练，要求过载达到8个G，即人体自重的8倍。

当进行8个G的超重耐力训练时，你会觉得这8个G压在你每一寸肌肤、每一个细胞上，甚至感觉你的脏器都临时"位移"了，透不过气来，你明明没有哭，但泪水会不受控制地甩出去。

正是因为对身心的考验极为严峻,所以在进行训练时,航天员左手边都设置了一个红色按钮,只要一按下它,过载立即下降。陈冬说:"我们都知道,只要按下按钮,人马上就舒服了,但梦想也终止了。所以迄今为止,没有一个航天员按下过红色按钮。"

这是一支意志多么顽强的队伍啊!

如此"魔鬼式"的训练,还不是跨进航天员大门的"门槛式"的考试,而是每年都必须通过的训练!

难怪人们都说,飞行员与等身的黄金同值,而航天员与等身的钻石同值。航天员的意志真的如金刚钻一样坚硬无比啊!

但如果认为航天员最大的挑战就是体能训练,就大错特错了。航天员的整个职业生涯是个持续不断学习的过程,从基础理论、航天环境适应性、航天专业技术、飞行程序和任务模拟、各种科学实验,以及发射场的人—船—箭—地联合检查等共有8大类、100多个科目。而且航天员的所有操作必须绝对精确、万无一失,比如,神舟飞船与天宫的手控交会对接,陈冬就进行了1000多次训练。

"毕竟已经离开学校、参加工作10年了,要在很短

2016年9月20日,景海鹏(右)、陈冬在组合体模拟器中进行训练。

徐 部摄

时间里掌握这么多陌生的理论课难度很大,"陈冬说,"这对我们是非常严峻的考验。那段时间,我们从未在晚上 12 点之前睡过觉,也没有双休日。航天员的教室里出现过两件趣事:一是大家都在教室后面站着上课,怕坐着上课犯困;二是教室里弥漫着风油精的味道,把任课老师熏得特别精神。"

"神舟十一号"飞行任务,是我国载人航天工程实施以来飞行时间最长、航天员参与完成试验内容最多的一次任务。在 33 天的飞行期间,他们参与的试/实验多达 38 项,无论哪个试/实验,他俩都要在地面反复训练,确保飞行期间获得的试/实验数据可靠、有效。

"坚信我们的科学家和飞行器,一定能把我们安全送回家"

2016 年 10 月 17 日,盼望了几千个日日夜夜的时刻终于来临了。凌晨 1 点多,陈冬起身开始做升空的各项准备工作。他和指令长景海鹏将驾乘"神舟十一号"飞船飞向太空。

从问天阁到发射塔架，大约四五千米，道路两旁都是欢送的人群。车内，两位航天员唱起了《歌唱祖国》。

当年，"神舟五号"升空时，火箭抛掉顶端的逃逸塔之后，发动机、箭体之间产生的8赫兹左右的低频振动，与人体内脏产生了令人难以承受的共振，整整26秒，人体耐受力几乎濒临极限。

陈冬乘"长征二号F遥十一"火箭升空时，有没有遭遇这样的共振？

"完全没有。经过航天科技人员攻关，'神舟六号'执行任务时，这种共振现象就已经消除了。我们乘坐的火箭起飞非常平稳，甚至感觉不到很大的震动，就像坐太空版'动车'一样。直到抛整流罩时才感到有点震动，飞船立即沐浴在阳光里，当阳光洒进舷窗，座舱一下子亮堂了。"当时，陈冬情不自禁地扭头看了一下座位右侧的舷窗，那是他期盼已久的美景：一半是太空，一半是蓝白相间的地球，地球与太空相交之处是一道蓝莹莹的弧线。

已经是三上太空的景海鹏问他："爽吗？"

陈冬脱口回答："爽！"

初上太空，失重的体验让人新奇和兴奋，但很快"空

航天员景海鹏(左)和陈冬即将出发执行"神舟十一号"飞行任务。
中国航天员科研训练中心 供图

间运动病"接踵而来。因为失重,血液涌向头部,头晕脑涨,甚至眼睛都有点外突。幸亏"景师兄"已有两次太空飞行经验,帮助他慢慢适应了失重感。

陈冬是我国航天员里面首位第一次上太空就连续飞行33天的。很多关心航天员的人会问:"航天员晚上睡觉睡得踏实吗?"陈冬刚上太空的时候,开始晚上睡得确实不太踏实。因为在太空,人其实站着、躺着、飘着是一样的,睡觉是钻进固定在舱壁上的睡袋里站着睡,开始总觉得后背没有躺在床上的踏实感,感觉有点飘着睡。但后来他越睡越踏实了,一是白天工作很满,人也适应了,很快就能睡着;二是知道即使睡着了,地面上飞控中心还有多少专家眼睛一刻也不眨地陪伴着他们啊。

在这33天里,他俩要做38项实验,既是航天员,又是工程师、科学家、医生、饲养员和农民等多面手。尤其是太空种菜的实验,填补了我国在轨植物栽培技术领域的空白,为开展空间站更大规模、更高复杂度和更精确的受控生态生保系统技术验证与在轨应用奠定了坚实的基础。

看过电影《火星救援》的朋友曾问过陈冬:"您有没有在'天宫二号'里种土豆?"陈冬说:"因为时间有限,

我们不可能像《火星救援》里一样种土豆,我们种的是生菜。"

在地球上种菜,出苗天经地义。但在失重环境下种植,怎样才能出苗?怎样才能提供合适的养分、水分?都是难题和挑战。

早在地面的多次试验中,陈冬他俩就认真摸索体会,根据对太空环境的充分了解,提出了很多宝贵建议,进行操作优化。这些建议对太空实验非常宝贵。

在太空中的实验终于开始了,在陈冬他俩的细心呵护下,生菜出苗了,越长越高,短短几天里就长到10多厘米高,生菜和在太空里吐丝成茧的蚕宝宝,吸引了全球很多青少年的目光。

航天员并不只是在太空舱养蚕种菜、做做实验而已,这是个堪称地球上最危险的职业。就在飞船返航前几天,陈冬他们突然遭遇了话音通信中断故障。"开始我呼叫飞控中心,没有反应,我还以为不在通信区。隔一会儿再呼叫,还是没有反应,"陈冬说,"我们就在摄像头前写下'无线电通信故障',让地面科技人员看到。在与地面联手排故的3小时里,我们在镜头前非常镇定,还在手册上空白页写两句话,'我们很好,请你们放心',告知地面。同时,我俩一直在分析:是什么引起了故障?会不会引发其他故障?我们会不会提前返航?"

收听不到地面指挥调度,航天员在太空中就像断了线的风筝。景海鹏说:"最坏的打算,就是我们可能回不去了。"

这是直面生死的挑战。

陈冬说:"我俩都相信我们的科学家和我们的飞行器,一定能把我们安全送回家。"

他俩还拿出牛肉干和巧克力,故作轻松地面对摄像头享用起来,以此告诉飞控中心:我们很镇定,一定能排除故障。

黄伟芬说:"他们确实表现得很棒!非常镇静!整个排故流程都是按照平时训练来的,不慌不乱,有条不紊,一丝不苟。"

当语音通信链路恢复,陈冬和景海鹏相视一笑。

其实,遭遇生死考验的并不仅仅是他俩。

2008年9月27日,"神舟七号"飞行任务中,翟志刚刚开始出舱,突然传来"轨道舱火灾"的连续3遍急促的报警声。刘伯明问翟志刚："咱还出不出舱？""神舟七号"任务的核心目标就是完成空间出舱活动，翟志刚非常坚定果断地说："出舱。"

原定的出舱程序是翟志刚出舱后先取回一块固体润滑材料的试验模块，再展示五星红旗。面对特情，3位航天员决定临时调整程序，先展示五星红旗，再取试验模块。

16点45分17秒，翟志刚在太空迈出第一步，成为第一位漫步太空的中国航天人。

翟志刚、刘伯明、景海鹏，当时都做好了再也回不来的牺牲准备。

所幸经过天地共同检查确认判断，这是真空环境下仪表发生的误报警。

如今，在中国载人航天博物馆二楼展厅，仍展示着那块固体润滑材料试验模块。

"特别能吃苦，特别能战斗，特别能攻关，特别能奉献"，走进中国人民解放军航天员大队，最先映入眼帘的就是载人航天精神这四句话。

其实，不仅航天员大队是个英雄的集体，所有航天员的家人也是这英雄集体的一员。

航天员在进行失重水槽训练。　　中国航天员科研训练中心 供图

陈冬加入航天员大队的第二年，他的妻子汪晓燕有了身孕，为了不让丈夫分心，她独自一人回到了老家浙江嘉兴。每次孕检，医生都会用异样的眼光打量她，然后既关心又奇怪地问："你爱人怎么不来啊？"汪晓燕当然不能说丈夫在执行什么任务。

直到双胞胎儿子俊宇、砾宇满月后，参加完训练的陈冬才匆匆赶回嘉兴，妻子对他没有一句责备的话。

陈冬总结说："航天员家里也有'4个特别'：特别能'扛'，家里照顾老人孩子的事全靠另一半扛着；特别能'忍'，家里有个小麻烦、自己生个病什么的，从来不跟我们说，全靠自己忍着；特别能'拖'，由于训练日程排得特别满，想全家人一块儿逛个街、聚个餐，总是'下一次'；还有就是全家人特别'支持'，不仅父母、爱人全力支持，孩子也特别懂事。"

陈冬在执行"神舟十一号"飞行任务时，航天员大队安排了多次亲属通话。汪晓燕每次都问丈夫吃得好不好，习惯不习惯，说家里老人孩子都好，由她照顾着，让他放宽心。

俊宇和砾宇看到父亲在太空舱里能飘起来，还给他俩翻跟头，感觉太空太神奇了。而且，这位经常不在家的父亲原来好厉害啊！

而返回地球的经历同样惊心动魄，尤其是返回舱要以每秒8千米的速度穿越"黑障区"。

返回舱飞至距地面100千米高度后，逐步进入大气层。陈冬说："当返回舱高速闯入大气层时，会产生上千摄氏度的高温，并在返回舱周围形成一个电离层，无线电通信中断了。通过舱窗，我先是看到火焰将飞船表面防烧蚀层点燃，剥落的红色碎片密集飞过，很快将舱窗全部覆盖变黑，但是还能感受到返回舱的发动机仍在工作。"

有航天爱好者问陈冬："当初，杨利伟看到舱窗曾出现'裂纹'，这次你们见到吗？"

"其实那不是舱窗玻璃的裂纹，而是防烧蚀涂层的裂纹。经过科学家们的攻关，现在'裂纹'已经全部消除了。"陈冬说。

"穿过'黑障区'后最大的考验是什么？"

"那是降落伞开伞之时。先是'轰'的一声弹伞舱盖，然后是引导伞、主伞先后有序打开，返回舱坠落的重力和主伞的上升力造成舱体剧烈晃动，就像大风浪里的一叶小舟。虽然人晃得难受，但我好激动：主伞打开了，我们安全回家了！果然，一会儿返回舱就稳定了下来，直到它着陆时再次弹跳起来，我们立即发出指令切断了降落伞，舱体立即停了下来，经过飞翔和烈焰，我们再次回到了祖国的大地，心里无比踏实。"

那是 2016 年 11 月 18 日 13 时 59 分，内蒙古四子王旗航天着陆场。

更高更远的太空，正在向他召唤

历时 33 天，陈冬与景海鹏一起执行"神舟十一号"飞行任务，获得圆满成功。2016 年 12 月 26 日，中共中央、国务院、中央军委授予他"英雄航天员"荣誉称号，并颁发"三级航天功勋奖章"。

2018 年 1 月，陈冬和他的航天员战友们一起，被中宣部授予"时代楷模"荣誉称号。

2019 年年初，中国载人航天工程办公室发布消息称，我国空间站飞行任务即将拉开序幕。建造空间站是我国载人航天工程"三步走"发展战略中第三步的任务目标。

国之重器

中国空间站核心舱计划于 2020 年前后发射,全站预计于 2022 年建成并投入运营,设计寿命 10 年,运行轨道高度 340 千米至 450 千米,可容纳 3~6 名航天员在轨工作生活。

目前,空间站核心舱和用于执行发射任务的"长征五号"新型运载火箭正在抓紧研制生产。执行空间站飞行任务的航天员也在按计划参加选拔训练。

很多关心陈冬的人都在问他:"您未来的目标是什么?"

他总是毫不犹豫地说:"尽快重返太空。我要为祖国飞出新的高度!"

更高更远的太空,正在向他召唤!

黄旭华：大海都知道

伟大者善梦。梦想成真的国之重器，只能属于善梦的伟大者！

我国从上世纪50年代中期开始谋划运作研制核潜艇，历经千辛万苦，终于淬火成钢。担任第一代两型核潜艇总设计师的黄旭华，为我国第一代核潜艇具备实战能力做出了巨大贡献。

2019年9月下旬，中华人民共和国成立70周年前夕，中共中央总书记、国家主席、中央军委主席习近平向中国船舶集团第七一九研究所名誉所长黄旭华颁授了"共和国勋章"。中宣部、中组部等授予他"最美奋斗者"荣誉称号。

2020年1月，黄旭华院士荣获2019年度国家最高科学技术奖。

这是一场不同寻常的会见，让人至今难以忘怀。

2017年11月17日上午，中共中央总书记、国家主席、中央军委主席习近平在人民大会堂亲切会见参加全国精神文明建设表彰大会的代表和全国道德模范代表。习近平看到93岁的中国船舶集团第七一九研究所名誉所长黄旭华院士和82岁的贵州省遵义市播州区平正仡佬族乡原草王坝村党支部书记黄大发年事已高，站在代表们中间，就握住他们的手，请他们坐到自己身旁。这感人的一幕，通过电视传遍了千家万户，温暖了全国人民的心。

"习主席握着我的手和我聊天，我觉得他就像和家人说话一样亲切。"黄旭华说道。

黄旭华在大会上的激情发言，激起了全场一次又一次热烈的掌声。当得知他为了我国第一代核潜艇的建设隐姓埋名、30年没有回老家时，很多同志的眼睛湿润了。

黄旭华走下讲台，鲐背之年的著名电影表演艺术家田华激动地对他说："您看，我双手都红了，是为您鼓掌鼓的！"

2018年，正是我国核潜艇事业走过六十年的日子。黄旭华为中国核潜艇事业贡献了六十年，他是我们共和国的英雄！

1988年4月30日,深潜归来的黄旭华(后排左一)与试验队员在湛江码头合影。　　中国船舶集团第七一九研究所 供图

一、深潜就是战斗力

1. 伟大者善梦

1988年4月20日，中国核潜艇首次出海执行深潜任务。

深潜有多难？

曾任中国海军核安全局副局长的杨连新讲过美国"长尾鲨号"核潜艇沉没的故事：

1963年4月9日上午8时，美国大西洋西岸新罕布什尔州朴茨茅斯港，"长尾鲨号"攻击型核潜艇启航。它是当时世界上最先进的鱼雷攻击型核潜艇，其设计的下潜极限深度为300米。在"云雀号"潜艇救援舰的保驾下，它将进行首次大修后的300米下潜试验。

就像大多数海上的突发灾难一样，刚开始的时候，风平浪静，一切正常。

在指定海域，艇长约翰·哈维中校充满自信地下达了"下潜"的命令。9时02分，"长尾鲨号"潜入200米

我人民海军弹道导弹核潜艇英姿。　　　　　　郑　蔚　摄

深的温跃层。温跃层内海水的温度和密度发生剧烈变化，"长尾鲨号"原本清晰的通话声开始含混起来，"云雀号"收听到的水下电话变得断断续续。

7分钟之后，"长尾鲨号"发动机舱的一个冷却管焊头断裂，发生泄漏。没有了冷却水，核反应堆迅速自动关机。核潜艇失去动力，开始下沉。哈维艇长立即命令自救，紧急启动备用的常规电池动力系统，用压缩空气排出核潜艇水柜内的压舱水。"云雀号"上的扬声器里，传出了"长尾鲨号"上压缩空气全力喷射的"嘶嘶"声。

9时15分，"云雀号"舰长紧张地通过水下电话询问哈维中校："你们还能不能控制住潜艇？"

无人应答。

1分钟后，"长尾鲨号"发出了遭遇严重危机的信号：900。又过了1分钟，"云雀号"接收到一条短语："超过测试深度——"

9时19分，"云雀号"监测到了大海深处传来的一阵具有高能内爆特性的低频噪音，这是"长尾鲨号"留在世间的绝响。

大海不动声色地关上了藏在深处的那道看不见的生命

之门,迅疾而绝情,海面上风和日丽,波涛依旧。

11时04分,美国海军大西洋潜艇司令部收到一份来自"云雀号"的报告:"'长尾鲨号'可能超过测试深度,潜艇爆炸……正在进行扩展搜索。"

次日上午,美国海军作战部长在五角大楼悲痛宣布:"'长尾鲨号'沉没,100多名艇员全部罹难。"

"为什么设施完备的专业潜艇救援舰就在边上却无法救援?""长尾鲨号"深潜的悲剧似乎难以让人相信。

在中国船舶集团七一九所,曾在黄旭华领导下从事核潜艇设计的资深专家宋学斌张开双手虎口比划说:"我们计算过,在极限深度,核潜艇只要有这么碗大一个破损,就难以救援了。"

水深每下降10米,就会增加一个大气压,极限深度之处就是几十个大气压。巨大的压力将海水通过破损处压进潜艇,这力度远大于核潜艇用高压空气将水舱中的海水排出的能力。

"长尾鲨号"至今仍沉睡在2300米深的海底。

"深潜才有战斗力。"黄旭华院士说。

二战中,反潜一方从空中和海面搜寻敌方潜艇,主要靠可见光观察和各种声呐。而如今，搜索核潜艇的手段更多了：布满太空的间谍卫星，无时无刻不在窥视着大洋，核潜艇的红外信号、尾迹信号，甚至是微弱的电场和磁场信号特征等，都会暴露水下核潜艇的踪迹。

深海，甚至大洋深处的海沟，才是核潜艇最有效的安全屏障。只有深潜，才有隐蔽性；有了隐蔽性，才有安全性；有了安全性，才有突然性，才能令对手防不胜防、一击制敌，令侵略者不敢进行战争冒险！

"300米深，是上个世纪六七十年代核潜艇研制的世界水平，美国和苏联研制的核潜艇深度大都在这个深度上下。"黄旭华说。

而那时候，中国海军尚以近海防御战略为主。而第一代鱼雷攻击型核潜艇主要的对手是谁？只能是来犯的敌水面舰艇及水下潜艇，甚至是来犯的敌战略核潜艇。

来犯者潜多深，防御者也必须潜多深。

"如果，你和来犯的核潜艇不在同一个深度，怎么发现、锁定和攻击目标呢？"年逾八旬的老专家宋学斌说。

"虽然当年我们的科研力量和工业水平在今天回首看去都还是刚刚起步，但我们制定的第一代核潜艇设计目标并不低。"黄旭华说。

客观地说，我国在六十年前要研制核潜艇，不仅当时国家尚不具备基本的工业制造基础，而且毫无研制核潜艇的科研技术储备。而这个雄心，仅源自一个不能落后挨打、再被帝国主义侵略欺辱的民族梦想！

2. "深海同舟"

"1988年我们进行了首次深潜，但我们不是到了上世纪80年代才想起来深潜的，早在我国第一代攻击型核潜艇研制初期就有了深潜的目标。"黄旭华说，"我们设计时就提出，我国第一艘鱼雷攻击型核潜艇'401'艇应该既是试验艇，又是战斗艇。"

1970年12月26日，我国第一艘鱼雷攻击型核潜艇"401"艇在北方的一个半岛上神秘下水了。

核潜艇艇首扎着一簇巨大的红花；首水平舵上，八面红旗一字排开，象征着"八一"；毛泽东的画像高悬在潜艇指挥台正上方；船坞的四周，挤满了激动兴奋的科研人员和造船厂的工人师傅。

核潜艇的下水方式与常规潜艇及普通船舶不同。常规潜艇的下水一般是在船台的斜坡上，将缆绳松开，潜艇会靠重力自行滑下水去。而核潜艇则是在一个大厂房内基本建造完成后，让其坐落在几十台小车上，小车利用地面铺设的铁轨将核潜艇从大厂房运到船台，然后再从船台运到船坞的一个特大浮箱上，最后将浮箱灌满水沉下去，装满水的船坞就稳稳地托起了核潜艇。

这艘舷号为"401"的核潜艇，全艇有设备、仪表等2700多项、5万多台/件；240多种电缆的总长度超过100千米；270多种不同规格的管道累计长度超过30多千米，全部由中国人自己研制，堪称"中国智造"的先驱。

当天、当年，甚至此后十年，中国没有任何一家媒体报道过此事。直到四十多年后，遮蔽在其身上的神秘帷幕，才掀开一角。

当年下水时，艇上核燃料尚未安装就绪。

1971年8月17日，周恩来总理亲自批准核潜艇开始试航。

"核潜艇下水后，首先要进行系泊、设备联调、启堆，完成系泊试验。系泊试验成功了，核潜艇才能出海，进行航行试验。航行试验的主要内容是核动力堆的性能以及核动力和应急动力的转换试验，以及潜艇的操纵、导航、声呐、武器等各个系统和噪音测试试验，等等。"黄旭华说，"'401'艇下水以后，我们所的主要任务就是配合核潜艇总体建造厂和潜艇部队解决试航、试验中发现的一切问题，提出不断完善的方案，力争尽快完成该核潜艇的设计定型，使我们的核潜艇尽早形成战斗力。"

"我们三方经过4年的共同努力，完成了将近600次的核堆启堆、提升功率、发电、主机试车等系泊试验，以及20多次、累计6000余海里的出海航行，完成了水上、水下高速巡航200多次，不断优化设计，终于在1974年'八一'建军节这天，将'401'艇正式交付给海军，编入人民海军的战斗序列。"

黄旭华清楚地记得，海军司令员肖劲光代表中央军委宣布了《第一艘核动力潜艇命名》的命令，首任艇长杨玺亲手升起的"八一"军旗，在碧海晴空中迎风招展。被命名为"长征一号"的"401"艇缓缓地驶离军港码头，在众人的注目礼中，潜入波涛之中。

人民海军由此跨进了"核时代"。

"'401'艇解决了中国'有没有'核潜艇的问题。

但那时因为受'文革'的影响，不少设备还达不到我们期待的水平，还有的设备可靠性比较差，"黄旭华说，"我们在后续的'402'、'403'艇上又不断改进。到了上世纪80年代，我们的'404'艇终于可以向'极限深潜'这个目标冲刺了。"

时任"404"艇副艇长、退休前为海军某潜艇基地副司令员的薛法玉回忆说，当年美国"长尾鲨号"深潜遇难的事大伙都知道，所以海军和七一九所、核潜艇总体建造厂为这次深潜做了周全的准备工作，不但事先全面检修设备，还为操纵系统、反应堆安全、生化、电气设备等方面准备了28套500多条应急处置的预案。

他说："黄旭华留给我的印象是文质彬彬，非常低调，一看就是知识分子，但他的工作非常严谨。比如，同一个设备，我们海军的习惯说法和他们七一九所专家说的不一样；同一个动作，核潜艇总体建造厂的师傅和我们海军的叫法又不一样。大家说的到底是什么意思，一定要弄清楚，千万不能搞错了。我们海军把专家说的'通海阀'叫'注水斋'；我们海军说的'通风阀'，就是专家说的'通气阀'；要拉紧一根固定核潜艇的缆绳，船厂师傅用当地方言说是'带紧',我们海军习惯说'收紧缆绳'。这些语言上的区别,他都会在开会时一一问清楚,全都记在笔记本上,避免了来自五湖四海不同单位的同志在沟通时因为误会而贻误操作。

"在深潜前的准备工作中,他要求把核潜艇的主要设备,如通海阀门、蒸汽管等八大系统的关键部位都挂上牌子,写清楚这个设备正常情况下应该怎样、应急情况下如何处置,海军艇员是谁在操作,七一九所是谁在监控保驾,核潜艇总体建造厂是哪位师傅负责维修,都一目了然。"

但是准备工作越充分、越周全,大家的精神压力也就越大。时任核潜艇总体建造厂厂长助理的王道桐说,他当时是船厂派到深潜现场的总负责人,船厂在深潜试验前还为参加此次试验的十几位同志拍了"生死照",以防万一失败做个"最后的留念"。而参加深潜的年轻艇员也一腔热血,有几十位甚至写好了遗书。

艇员董福生在悄悄留下的给妻子的遗书中写道:"嫁给军人不容易,嫁给干核潜艇的军人更不容易,什么事情都可能发生。我不能陪你走完一生,一辈子欠你的情。希望你不要难过,把孩子带好,再组织一个幸福的家庭……"

他告别妻子，但没有告诉她去干什么。胜利返航后，这封万一深潜失败才寄出的遗书就一直珍藏到如今。

"404"艇艇长王福山请黄旭华去帮助做艇员思想工作，缓解一下过分紧张的情绪。上艇后，黄旭华也感觉到气氛有点沉重。他问艇长："你们是怎么做思想工作的？"艇长说，"我们强调这次任务光荣啊。"黄旭华说："完了。你们老说'光荣'，这些小伙子会以为就是让他们去'光荣'的。不怕牺牲是崇高品质，但我们深潜不是要他们去牺牲，是要完成任务，要拿到深潜的数据再回来。"他当即对艇长说，"作为核潜艇的总设计师，我对核潜艇的感情就像父亲对孩子一样，不仅疼爱，而且相信它的质量是过硬的，我要跟你们一起下去深潜。"

核潜艇的总设计师亲自参与深潜！这在世界上尚无先例，总设计师的职责里也没有这一项。很多领导得知后，都劝年已64岁的黄旭华不要亲自参加深潜了。

可黄旭华坚持这么做。他说："首先我对它很有信心；但是，我担心深潜时出现超出了我现在认知水平之外的问题；而且，万一还有哪个环节疏漏了，我在下面可以及时协助艇长判断和处置。"

黄旭华在又一艘核潜艇下水现场。　　中国船舶集团第七一九研究所 供图

中国人有句形象地表达"生死与共"的成语，叫作"风雨同舟"。黄旭华的深潜，是现代版的"风雨同舟"，比什么都有说服力：别紧张，兄弟，咱核潜艇的总设计师和你"深海同舟"！

深潜的决心下定了，但黄旭华还必须得到另一半——他的妻子李世英的支持。当黄旭华把深潜决定告诉夫人时，其实他内心多少有几分对妻子难言的愧疚。和丈夫同在七一九所工作了几十年的李世英，是一位懂俄语、英语、德语的专家，深知深潜的重要和风险。她面不改色地宽慰黄旭华说："你当然要下去，否则将来你怎么带这支队伍？我支持你。你下去，没事的，我在家里等你！"

这位身材瘦弱的女专家，让人知道了什么叫爱侣间的"深明大义"，世界上真难以找到另一位在精神上更适合黄旭华的知识女性了。那个大连海运学院毕业的高材生，当年在黄浦江畔遇见了英俊潇洒的黄旭华，接过他送上的"定情礼"——两块手绢和一个笔记本，心房就立刻被幸福淹没了。

3. "先例"成"传统"

1988年4月20日下午，南海碧波万里。执行深潜任务的"404"艇驶离军港，前往200多海里外的试验海区。

极限深潜分两个航次进行：21日上午先进行了适应性预下潜，下潜至193米时起浮，潜艇一切正常；29日上午9时，进行极限深潜，要求达到极限深度。

艇上共有本次试验副指挥长、北海舰队副参谋长王守仁和技术负责人黄旭华等100多位勇士。下潜不久，突然出现了水声通信不畅的问题。艇内气氛顿时紧张起来，于是边排除故障边等待。

部队有唱歌的传统。为了缓解紧张的气氛，这时有人唱起了《血染的风采》。在指挥舱二层的黄旭华笑着说："这首歌我也喜欢，但现在唱太悲情。我们是去做试验的，不是去牺牲的。我们要唱就唱《中国人民志愿军战歌》，'雄赳赳，气昂昂，跨过鸭绿江……'气势雄壮，充满信心。"

上午11时，接到继续下潜的命令，"404"艇如同一条鲸鲨向预定的深度潜去。薛法玉回忆说，从水深200多米开始,核潜艇的耐压壳体受到深海越来越强的挤压,有的舱门打不开了,艇身还不时传来"咔咔"的声音。

这"咔咔"的声音是从哪里来的?黄旭华说,核潜艇通常是双壳体的,外壳是非耐压壳体,不会变形;而内层是非常坚固的耐压壳体,耐压壳体在海水的强压下会发生变形。当潜艇的耐压壳变形时,连接内外两层壳体之间的结构件就会承受很大的拉力。如果焊缝有一丝不牢,就会被拉开;如果焊接得好,虽然焊缝没有拉开,但结构件也会拉动整个外壳变形,同样会发出在深海听来令人惊悚的响声。

薛法玉至今记得,深潜时,潜艇用于观通的升降装置固定支架被一点一点地压弯了;而当潜艇从海底上升起浮至海面时,这钢铁做的固定支架竟然又一点一点地被拉直,可见极限深度的压力有多大!

"一块不到扑克牌大小的耐压壳体上,要承受一吨多重的压力。"黄旭华说,所以这"咔咔"的声音在深海里听上去就格外"瘆人"!而且,有几个舱室的填料函出现了渗水,能听到"滴滴答答"的漏水声。

核潜艇有没有危险,还能不能继续下潜?薛法玉记得黄旭华那时格外冷静。黄旭华和艇上几位领导一商量：核潜艇状态良好，没有问题，继续下潜！

　　保存在我海军某潜艇基地军史馆中的一段当年留下的影像资料，永远留住了这历史性的一刻——艇长王福山报告："280米到了！"当时已经是某潜艇基地司令员的杨玺沉稳地下令："极限深度就快到了，咱们各个岗位认真操作，不要紧张，有点响声是正常的。"

　　人们都问黄旭华："您当时真的不紧张吗？"

　　黄老笑了："我当然也紧张，我要对全艇100多人的生命负责啊，我可能是艇上最紧张的人！但我不能让人家看出我紧张，我一紧张别人就更紧张了。好在之前我们准备工作做得很充分，在每个舱室的关键岗位都有人盯着关键设备，每个关键部位都安上了记录潜艇结构承压变化的应变片。"

　　为稳妥起见，"404"艇再往下潜是每5米一停，各舱值班人员依次向指挥台报告："报告指挥舱，一舱检查机械设备、水密状况，A！"

　　"A是什么意思？"艇上有的领导不明白。

　　"别管它，没事，可以继续下潜！"黄旭华胸有成竹地说。

担心潜艇万一出问题,不良情绪会迅速蔓延,黄旭华事先就让报告人员当潜艇接近极限深度时,将一定范围内的数值对应"A、B、C"这三个字母,"A"表示一切正常,可继续下潜;"B"表示应力接近临界值,应小心下潜;"C"则表明超过临界值,必须停止下潜。

核潜艇的深潜为什么特别危险?它的深潜与常规潜艇的深潜有什么不同?

1965年就到黄旭华的潜艇设计部门工作的资深专家黄庆德说,常规潜艇深潜到海底时,可以关闭动力设备,靠蓄电池供电,它没有必须时刻与海水保持交换的通海部分。而核潜艇恰恰相反,核潜艇的动力是核反应堆,反应堆一旦启动,除了战时受损或故障停堆,是不能停的。现在的核反应堆寿命已经与核潜艇的寿命等同,加一次燃料棒,就可以工作到核潜艇退役。核潜艇的战略威慑力也来源于此。因此,核潜艇的核反应堆是一刻不停运转,也一刻不停地需要海水来降温的。核潜艇即使坐在海床上一动不动,它的通海部分依然必须对大海保持畅通,以进行海水交换。如果没有海水持续不断地为核反应堆降温,就会酿成类似2011年日本福岛核电站1号反应堆因无水降温而发生爆炸的可怕事故。

这是核潜艇深潜最难的关键点。通海部分的波纹管更是核潜艇最"脆弱"的部分，虽然黄旭华他们已经通过精心设计使波纹管有足够的强度，但真的潜到极限深度的海底，它还能不能经得住几十个大气压的考验？谁也没有试过。

薛法玉说，大海深处的温度和海水表面的温度是不同的。当时海水表面的温度在18℃左右，但深潜到极限深度时就只剩几个摄氏度了。而且，大海深处的盐度也是与大海表面不同的。这温度和盐度的不同，使得它对通海设备的压力，以及带来的金属热胀冷缩的收缩率也是不同的。始终不能关闭核潜艇的通海阀，这意味着核潜艇最坚固的耐压壳体和最脆弱的通海设备要同时承受着前所未有的严峻考验。

人民海军每个核潜艇兵都是最了不起的人！

中午12时10分52秒，指挥舱里深度计的指针显示，核潜艇稳稳地潜到了极限深度，还略有超过。各舱值班艇员的报告声依次响起，扣人心弦。

此时，艇体不再发出"咔咔"声，几处渗水处也并未加剧。核潜艇的耐压壳体和通海系统安全可靠，全艇机械设备运转正常，我国自行研制的第一代鱼雷攻击型核潜艇达到了设计目标，符合实战需要。

我人民海军潜艇史上一个深潜的最高纪录诞生了。

"起浮！"指挥员一声令下，核潜艇沉着地缓缓升向盛满阳光的海面。

当水手长报告核潜艇已经重新回到水深100米时，艇上所有人的激情和兴奋再也憋不住了，几乎同时爆发出一阵足以掀起巨浪的欢呼！

恰好艇上的《快报》请黄旭华题字，激情澎湃的黄旭华一挥而就：

花甲痴翁，志探龙宫；惊涛骇浪，乐在其中。

七一九所的深潜队长尤庆文按照黄旭华事先的布置，深潜中专门负责照看主循环系统的波纹管，他还抱着录音机录下舱室的声音和下潜的指令。录音显示，深潜过程中耐压壳体和结构件发出的"咔咔"声达11次。

"回来后，我们根据录音找到每一处发生'咔咔'变形的部位，分析它的成因，制定对策。"黄旭华说。

当深潜成功的喜讯传回武汉的七一九所，外表始终平静的李世英突然放声大哭，释放出压在心头已经太久的"几十个大气压"。

时隔三十年，黄旭华讲述妻子失声大哭的往事时，依然泪眼婆娑。

"原来，她心头的压力比我还大。"黄旭华说。

原来，世间有一种"神仙眷侣"，不是不食人间烟火，而是同甘共苦、有难同当。

"404"艇和后续艇，成为我国第一代鱼雷攻击型核潜艇的定型艇。

从此，我国核潜艇的总设计师随同首艇一起深潜，成了七一九所的"光荣传统"。

后来也成为新一代核潜艇总设计师的宋学斌，年逾古稀还参加了新一代核潜艇的深潜试验。

不久前，当黄旭华再次讲述"深潜"这段往事时，将自己的人生都归结到他当时写的那首诗里："我的人生都概括在那首诗的两个字里了，一个是'痴'字，一个是'乐'字。六十年'痴'迷核潜艇，再艰难困苦也'乐'在其中，所以能百折不回。"

"痴",是初心进入极致的状态;"乐",是一种无我之我的大境界。在别人看来波澜起伏、跌宕辉煌的人生,原来可以概括得如此简单。

二、千锤百炼,方成国之重器

1."当无名英雄?小事情!"

曾经承载着无数中国人厚望的"401"艇,如今静静地停泊在青岛的中国海军博物馆码头上。海军博物馆馆长康海东说,阅尽 40 多年的大海波涛,"401"艇已经卸去了武备和核堆,完成了光荣的历史使命。

它是中国核潜艇事业的第一座里程碑。它是当之无愧的大国重器。

大国重器,无一不源于民族自尊自强的伟大梦想。若无强国梦想,何来在"一穷二白"的条件下咬着牙铸就大国重器的血性!

时光回溯到六十多年前:1958 年,中国核潜艇事业的元年。

我国第一艘鱼雷攻击型核潜艇已光荣退役。　　　　郑　蔚摄

就在那一年，时任上海船舶工业管理局设计二处潜艇科长的黄旭华，突然接到去北京出差的通知。走进了海军舰船修造部和一机部船舶工业管理局联合组建的核潜艇总体设计组，他这才知道是"天字第一号"绝密工程选中了他，那年他34岁。当时设计组只有29人，分为船体、动力和电气三个专业组。

黄旭华至今记得，报到时领导找他谈话说了三条：一是"你被选中，说明党和国家信任你"；二是"这项工作保密性强，这个工作领域进去了就出不来，即使将来万一犯了错误，也不能离开，只能留在里面打扫卫生，因为出来了就泄密了"；三是"一辈子出不了名，当无名英雄"。

黄旭华毫不犹豫。"一辈子出不了名，当无名英雄"，这与"党和国家信任你"相比，算得上什么啊？当年，他加入地下党，不就是无名英雄吗？"党和国家信任你"，是那个年代的年轻人最为看重的荣誉，更与黄旭华本人的特殊经历分不开。

黄旭华生于1924年2月，是广东海丰县田墘镇人，排行老三，原名黄绍强。父亲黄树縠与母亲曾慎其都接受过西医教育，以诊所和药房悬壶济世。黄树縠是内科医生，而曾慎其是田墘镇上有名的助产士。黄旭华自幼记得，无数个夜晚，只要有人来敲门请母亲去接生，母亲总是放下一切拿起药包就走。那时接生助产的费用，完全依产妇的家庭情况而定，给多少是多少。有些贫困家庭拿不出接生费的，她也从不计较，安慰产妇家人说："没关系，等孩子长大了，叫我一声'义姆'（方言：干妈）就行。"就这样，她老人家有了无数个"干儿子"。1995年，老人家享寿102岁仙逝时，有几十个连黄家人都不认识的"干儿子"前来戴孝送行。

黄树穀先生在当地行医助学，颇具声望。日军侵占海丰后，想借助他的声望，威逼他当维持会长，被一口回绝。一日本军官气得把指挥刀架在他的脖子上，吓得边上的孩子哇哇大哭。曾慎其见状急中生智，赶紧拿出一叠钱塞给领路的汉奸。汉奸贪财，与日本鬼子嘀咕了一阵才恶狠狠地离去。

父亲的爱国情操和刚毅品性，母亲的慈爱和豁达，都深深影响了黄旭华。少年的他，就参加了当地的民间抗日宣传队，在《不堪回首望平津》中扮演一名逃难的小姑娘。

"我们演得特别认真，台下看的人也很动情。演着演着，台上台下就越来越激动,抓到汉奸后,台下无数的观众含着泪水一起高喊:'杀!杀!'那时我就想,长大了,我一定要为国家做一点事情。"黄旭华回忆说。

1938年,黄旭华为了求学,翻山越岭,整整步行4天才找到了为躲避日寇而搬迁到揭西山区的聿怀中学。但即便是在山区的草棚子里上课,日机也常来侦察轰炸。日机一来,老师就拎起小黑板,领着学生钻进甘蔗地或山洞里。这从天而降的夺命炸弹,竟然是一个从小在渔耕社会长大的农村孩子最早见识的"现代化"!这样的震惊、恐怖、无助和悲伤,哪个少年学子能忘得了?

1939年夏天,黄旭华回到老家,正逢日机多次轰炸海丰。黄家的老屋就在海边,黄旭华和他的兄弟妹妹站在屋顶上,一次次眼睁睁地看着天上日机五六架一群,依次从空中俯冲下来,把停泊在海边的一艘艘渔船炸毁。

这"现代化"的炸弹的冲击波彻底颠覆了他的人生。父母原来指望他们聪颖的三儿子长大后子承父业,黄旭华也很想学医,但此时的黄旭华却改变了主意,他说:"学医只能救人,我要救国。"

"我的人生,就是在日本飞机的轰炸声里决定的。"

年已九十有四的黄旭华,一字一句地说。

黄旭华于是决定将自己的原名"绍强"留给自己的二哥使用,给自己起名为"旭华",寓意为:"中华民族必定如旭日东升一般崛起,我要为中华民族的强大做贡献。"

为求学来到广西桂林后,他写信告诉父亲,自己将名字改为"旭华"。父亲回信埋怨说,你们兄弟都是"绍"字辈的,你爷爷才是"华"字辈的,你怎么能随便改成爷爷这一辈的呢?

"我爷爷叫黄华昌,是个武秀才。国难当头,他一定理解我'匹夫有责'的心情,我就不改回去了。"他说。

"国家兴亡,匹夫有责",在中华民族到了最危险的时候,还有什么比这更大的事情!

当年,那些驾驶着现代化的飞机在中国的城市和乡村上空肆意投弹扫射杀人无数的"大日本皇军",大概怎么也想不到,他们原本以为用最现代化的杀人机器可以粉碎中国军民的顽强抵抗和中华民族仅剩的尊严,却让中华民族自尊自强的信念更为坚定!

"当无名英雄,是小事情!"黄旭华风轻云淡地说。

2. "骑驴找马"

国无防不安。

上世纪 50 年代，美苏启动争霸世界的战车。1954 年 1 月，世界上第一艘核潜艇"鹦鹉螺号"在美国下水；1957 年 8 月，苏联的第一艘核潜艇"列宁共青团号"也下水首航，这意味着美苏两国不仅形成了陆海空三位一体的核战略格局，而且具备了第二次核打击能力。

别以为有了原子弹就是核大国，有了核潜艇才是真正的核大国。今天世界公认的五个领先的核大国中，英法已经宣布放弃陆基和空基核武器，只拥有海基核武器——核潜艇，作为核打击和核反击的大国重器。

1958 年 6 月 27 日，时任国务院副总理、中央原子能事业三人领导小组成员聂荣臻元帅向中共中央呈报了一份《关于开展研制导弹原子潜艇的报告》。两天后，周恩来总理、邓小平总书记分别对这份绝密文件进行了批示并呈送毛泽东主席。毛泽东签批后，中国的核潜艇事业正式启动。

鉴于当时中苏两国的关系，最初我国曾希望核潜艇事业也能得到苏联的支持和帮助。然而，无论是中方参观苏联核潜艇工程，还是请苏联提供核潜艇的技术援助等要求，都遭到了苏方的漠视和回绝，苏方还提出了"成立联合舰队""在中国建立与苏联核潜艇通信的长波电台"等一些中国领导人认为无法接受的建议，被激怒的毛泽东留下了穿越时空的名言："核潜艇，一万年也要搞出来！"

关于1959年秋天中苏高层这次互不让步的会谈，赫鲁晓夫在他名为《最后的遗嘱》的回忆录中写道："在我访问中国期间，毛泽东曾经向我提出要帮助他们制造核潜艇，我对他这种异想天开只是一笑置之。"

赫鲁晓夫先生当然可以对中国人的"异想天开"一笑置之，但中国人不，中国人从小学过一句成语叫"精诚所至，金石为开"。

更何况，中国人最初想造"两弹一艇"也好，后来改为"两弹一星"也罢，都是"逼上梁山"。

这"两弹一艇"或者"两弹一星"，都不是中国人发明的。1950年，我国的放射化学家杨承宗回国前，法国杰出的科学家约里奥·居里对他说，看见你要回国了，我有几句话要告诉毛泽东主席。你们要保持和平，那么你们必须反对原子弹。你们要反对原子弹，必须自己要有原子弹。

"同理，我们必须拥有核潜艇。我们只要还有一艘战略核潜艇潜在海底，帝国主义就不敢按下核按钮。"黄旭华说，"正是这个信念激励着我们克服一切困难，一万年太久，必须只争朝夕地完成核潜艇的研制任务。"

如今已耄耋之年的上海核工程研究设计院技术顾问张维忠，半个世纪前就投身我国第一艘核潜艇核动力装置的研制工作。他说，根据最新解密公布的资料，上世纪50年代，苏联研制核潜艇其实也并不顺利：先是陆上堆的堆芯严重故障；后来其核潜艇一回路部分因采用直流式蒸发器，在发生海水泄漏的情况下，所使用的不锈钢管被严重腐蚀，导致设备使用寿命仅为几十分之一。这一问题直到1978年苏方才最后解决，此前，苏联有关核潜艇一直不得不"带病运行"。

由此可见，"核潜艇技术复杂"之说，也确实事出有因。核潜艇，对当时国家整体科技能力和制造水平都弱于苏联的中国来说，面临的挑战无疑更大。

更何况，当时中国人谁也没有见过核潜艇。之前，黄旭华虽是上海船舶工业管理局的潜艇科长，但当时苏联交由我国"转造"的都是常规潜艇，而他在上海交大读造船专业时学的是民船设计。

曾有人建议，将已经引进的苏联常规潜艇中间剖开，加一个核反应堆，但后来很快发现没这么简单。"我们认为还是要从情报入手，从国外报刊资料的点点滴滴中寻找蛛丝马迹，弄清核潜艇究竟是什么。"黄旭华于是提出了他的"骑驴找马"理论："我们没有马怎么办？那就先骑上身边的驴子找起来！核潜艇在任何国家都是绝对机密，要在文献中发现有价值的材料非常不容易。所以我说，我们找资料既要用'放大镜'，沙里淘金，追踪线索；又要用'显微镜'，去粗取精，看清实质；更要用'照妖镜'，鉴别真假，去伪存真。"

就在黄旭华他们艰难地摸索时，1960年年中，苏联突然宣布中断对中国所有的技术援助，还撤回了全部专家。当时，我国国民经济正遭受严重困难，中央军委提出了"两弹为主，导弹第一"的原则，中央又对国民经济进行调整。在经过了长达8个月的极为慎重的反复酝酿后，1963年3月，中央对核潜艇做出了最后决策：在保留一部分核潜艇技术骨干的同时，核潜艇的总体研制工作暂缓进行，习惯上说就是"下马"。

"我当时听到要'下马'，心里确实不好受。但我坚信中国不能没有核潜艇，所以我们终有一天会重新'上马'。好在我们也不是'马放南山'，而是从原来的'快马加鞭'变为'厉兵秣马，下马牵行'。"黄旭华说，"我们保留了一部分技术骨干，继续进行核潜艇关键技术的研究和突破。"

那时，国家进入生活困难时期，伙食很差，一个人一个月也只有1斤肉、3两油。大多数科研人员因营养不良而全身浮肿，而每个人的办公费才8分钱。但即便如此，留下来的科研人员依然"不改其志"，啃着咸菜窝窝头搞科研。

"当时我们留下来的团队中懂核的人很少，在'下马牵行'的日子里，核专家就给大家上课，反应堆物理、热工、自动控制、动力装置等，就是为了让大家尽快摘掉'核文盲帽子'，等核潜艇重新上马后可以快马加鞭。"黄旭华说。

这段历程重要吗？重要的。人生和事业谁没有个高峰低谷？落寞时更见人的意志和品性。从没有系统学习过核工业、没见过核潜艇的黄旭华和他的同事们，甘坐冷板凳，拼命地汲取新知识。当历史再次向他们伸来机遇之手的时候，黄旭华他们的胳膊更有力了，思路更活跃了，胸怀也更宽广了。

1964年1月彭士禄、黄旭华被任命为国防部第七研究院第十五研究所副总工程师。

那年10月16日，我国第一颗原子弹爆炸成功。我国国民经济也出现了全面好转，核技术也逐步成熟，核潜艇的科研团队得到了壮大。

1965年的春天，对黄旭华来说，是七院副院长于笑虹将军的一个电话带来的。还在春节里，于笑虹就让黄旭华和他的同事钱凌白到他家商量工作。黄旭华向他汇报了核潜艇研制的最新进展，于笑虹将军让他俩代表六机部向中央起草一个核潜艇工程应尽快上马的报告。

那年春暖花开的时节，周恩来总理主持召开第11次中央专委会议，正式批准核潜艇研制重新列入国家计划。

于是，北方那个"荒凉的半岛"上，原已停工多年的核潜艇总体建造厂重又热火朝天地开始施工建设。中央决定成立七一九所，黄旭华和尤子平担任副总工程师。而七一九所正与核潜艇总体建造厂隔山而居。

3. 水滴线型？水滴线型！

半个世纪前"荒凉的半岛"，如今已是一座繁华的滨海都市。

开车从核潜艇总体建造厂出发，沿着滨海公路前往当年的七一九所。车过灯塔山，只见夕阳点燃了远处海平线上的晚霞，绚烂无比，所有人精神为之一振。

"那时候，我们几乎每天下厂。要是赶不上一天一班的小火车，就只能自己走着去。中间要翻过那座山，山上风忒大。当地人有句俏皮话：'咱这里一年只刮两场大风，刮一场就半年。'"黄旭华笑着回忆道。

年已古稀的柏喜林曾是核潜艇总装建造厂的运行值班长，他回忆说："那时每个人的粮食定量里，一个月才1斤大米、2斤白面，其他都是苞米面和带着糠的高粱米。那高粱米还是陈粮，做成高粱米饼子吃上去又苦又涩。它颜色是黑红色的，所以几个南方来的师傅管叫它'猪肝'。"

曾在核潜艇总体建造厂担任军代表的杨连新至今记

得，有一年春节将至，当地副食品商店门口喜洋洋地贴出一张大红纸，上书："欢度春节，每人供应红方一块。"

"'红方'是啥？东坡肉吗？"现在的年轻人问。

杨连新摇摇头："酱豆腐。"

可见当时物资匮乏的程度已经超出了今人的想象。

但人的幸福感真的不是和物质水平画等号的。冀维新是清华大学1960级读了6年的工程物理系高材生，清华毕业就直接上岛。有人问年已77岁的他："清华毕业没有留在北京，直接分到东北这荒僻的半岛上，您是怎么想的？"

"高兴啊。我家里条件不好，是拿着国家给的18元5角的助学金才读完清华的。工程物理系学的是什么？就是核工业，所以我觉得专业很对口，是报效国家的机会来了。你可能想不到，当时我们厂里还有很多高干的孩子，连耿飚的儿子都在我们厂里干啊。"老人家爽朗地说。

那一代知识分子，说起自己能上清华，都归功于"国家培养"。"我们毕业时最看重的是什么？是专业对不对口。最怕的是'专业不对口'，只要专业对口都好说。"他说。

"工业报国",这是那个年代的工科生、理科生的理想。

"我们从进厂起就接受保密教育,对外不能说我们是核潜艇总体建造厂的,只能说'保密厂'。只要你说出'保密厂'这三个字,别人就敬你一等。别人觉得你能在保密厂工作,一定是又红又专、家庭成分还特别好的那种现在说来忒靠谱的人。"当年的那份自豪感,至今犹在。

半个世纪前,黄旭华家住的那栋望海寺903小红楼还在,唯一的不同是楼下墙上多了一条广告:"望海寺红房子渔家小院"。

当年,黄旭华家住三楼,推窗见海。

李世英说,那时候,黄旭华太忙了,所以无论是单位分白菜或取暖煤,还是换做饭用的煤气罐,都是她和大女儿黄燕妮两人"蚂蚁搬家"似的一点点扛上去的。煤气罐重,母女俩只能4只手一起抬,走一个台阶得歇一下,歇一下再上一个台阶。仔细数数,虽说是3楼,也足有30多级台阶。

"最艰难的是那次海城大地震,东北的2月份天还很冷,我一个人带着女儿住在帐篷里……"李世英说。

黄旭华在哪呢？他一直在忙着让他揪心的事儿：

我国第一艘鱼雷攻击型核潜艇究竟采用什么线型？1966年1月，七一九所绘制的第一张图纸画的仍是在役的苏制常规动力潜艇的那种普通线型。但黄旭华一直钟情于水滴线型。早在1959年至1961年，他就和钱凌白在上海交大、无锡七〇二所的水池里做过无数次试验。虽然因为水池不够大，试验的大部分结果只能定性，还达不到定量分析的要求，但已经证明水滴线型具有明显的优势。

为什么水滴线型最好？

水滴线型核潜艇的设计灵感据说来自海豚，海豚是世界公认的海中游泳健将，它每小时可以游40千米，短时间内的最高速度甚至可达上百千米。有资料说，两艘吨位和动力相同的潜艇，如果一艘采用水滴线型，另一艘采用常规线型，前者在水下的航速要比后者快16%。

"这是因为水滴线型的每个切面都是圆的，圆的周边最短，与水的摩擦面积最小，所以水滴线型核潜艇在水下航行时，可以得到较高的航速和最好的稳定性；而常规潜艇因为经常要浮上海面充电，所以它采用和民船一样的普通型线型比较合理，普通线型使它在海面航行时可以得到较快的航速和较好的操纵性。"黄旭华解释说。

当年，美国是分三步走才实现从常规线型到水滴线型的过渡的，先造一艘水滴线型的常规动力潜艇"大青花鱼号"，再造一艘常规线型的核潜艇"虹鱼号"，最后造一艘水滴线型的核潜艇"飞鱼号"。"从技术创新的角度看，这样确实比较稳妥。但美国人已经走过的路，我们还有必要重复吗？就像侦察兵走了许多弯路，终于找到目标，我们还有必要重复他的弯路吗？"黄旭华力主我们应当站在美国人的肩膀上直接上水滴线型。

而主张先采用普通线型的一方则认为，我们连普通线型的常规动力潜艇都没有自主设计过，不妨先从普通线型入手，有了经验再造水滴线型的核潜艇，这样既能按时完成任务，也可规避可知的技术风险和不可知的政治风险。

第一代核潜艇的线型之争最后传到了聂荣臻元帅那里。1966年12月7日，聂帅召集会议，听取双方意见后拍板说："(第一艘核潜艇)不要采用常规潜艇的艇型，要重新设计，不然搞得'两不像'，既不像常规潜艇，又不像核潜艇。"

线型争论终于尘埃落定，它成为"401"艇研制的七大技术攻关项目之一。

七一九所将这七大技术攻关项目称为"七朵金花"。其余的"六朵金花"是：核动力装置——提供水下长期航行的能力；大直径、高强度的艇体结构——核潜艇的使命大于常规潜艇，舱室和武器装备也多于常规潜艇，因此核潜艇的直径和排水量也远超常规潜艇，其艇体的结构强度必然大于常规潜艇；远程大功率水声系统——先敌发现的利器，通过主、被动声呐在海洋的各种噪声中先发现和锁定敌方潜艇；鱼雷／战略导弹系统——对七一九所来说，主要负责保障实战时潜艇的姿态控制及操纵性能；综合空调系统——不仅是制冷，还包括制氧、有害气体的吸收和清除、净化过滤等功能，事关船员的生命保障；惯性导航系统——这是水下隐蔽航行、不依赖外界条件精确定位的保证。

这"七朵金花"，在当时都是尖端技术。黄旭华对同事说："大家不要怕搞不了尖端技术。美国的北极星导弹和阿波罗登月飞船，用的大多数都是常规技术，尖端通常不过是常规的综合或者提高。综合就是创造，关键是怎么综合见高低！"

常规的综合，就是创建一个新系统，而系统的功能大于元件。黄旭华已经在用系统论思想来激发创新攻关！

4. 都"豁出去了"

首艘核潜艇虽然选定了"水滴线型"，但黄旭华他们还真没有亲眼见过水滴线型的核潜艇是啥样。

功夫不负有心人。那时，我国一对外交官夫妇在回国去机场的途中，在一家超市购物时偶然发现了几个孩子在玩一个铁灰色的核潜艇模型。外交官当然知道核潜艇是尖端武器，就买了一个带回国给孩子玩。有关方面无意中听说了有这么个玩具，就把它要来送给了七一九所。

巧合的是，当时六机部的一个外事代表团在香港中转时，也在一家商店中看见了一个核潜艇的玩具模型。六机部自然知道我国也在研制核潜艇，也果断地买了模型转送七一九所。

拿到模型的黄旭华喜出望外。"这两个都是美国建造的世界上第一艘弹道导弹核潜艇'乔治·华盛顿号'的模型，大的那个导弹发射筒和各舱室还可装可卸，做得很精致。"黄旭华他们将这个模型反复拆装，测量、记录、绘图，结果证明他们之前对"401"艇的设计思路是正确的，这让黄旭华的心里更踏实了。

眼看"401"艇开建在即，黄旭华已经考虑到如此庞大的核潜艇艇体和如此繁多的各类设备，万一装不进怎么办、装上了万一不能维修怎么办？他和宋学斌商议，向当时的所长宋文荣提议，先用木头建造一个与核潜艇大小1∶1的实体模型，以及早发现问题，改进设计，指导施工。

这个投资300万元建造的"木核潜艇"，汇聚了上万件设备和舱室的模型，帮助发现和解决了大量诸如总体布置、设备安装、管线走向、耐压壳体上1000多个开孔及管道紧固件的位置等问题，核潜艇总体建造厂可以据此绘制全套的施工图，核潜艇的总体施工设计和建造安装一次成功有了保障。

但风云突变，"文革"来袭。1966年年底的一天，黄旭华正在北京的京西宾馆参加核潜艇工程协调会，七一九所的"造反派"竟然冲进会场，将他押回单位进行批斗。

"造反派"诬陷黄旭华在加入地下党时做了"叛徒"。黄旭华确实是交大的地下党，"我刚入党的时候，其实对党的理解还很肤浅。"黄旭华说。

那时有一首来自解放区的歌《山那边呦好地方》，黄旭华很喜欢，他经常组织"山茶社"的同学唱这首歌。不久，有个同学悄悄地问他："你觉得共产党怎么样？"黄旭华回答说："好啊。'山那边呦好地方，一片稻田黄又黄。你要吃饭得做工，没人给你做牛羊。''山那边'没有剥削压迫，老百姓勤劳致富，人人有饭吃，当然好啊！"

这也许是对中国共产党"为人民服务"的根本宗旨最朴素本真的理解吧。

黄旭华就这样加入了地下党。当时他们严守单线联系的纪律，所以即使在上海解放前夕英勇牺牲的学生党员穆汉祥就住在他隔壁的宿舍，开始他也并不知情。

1949年4月下旬，在国民党从上海败退前的大逮捕中，黄旭华机智脱险，而穆汉祥不幸被捕遇难。

"其实，国民党大逮捕前4天，我们就得到消息，但躲了两天后发现，怎么没有特务来抓人？后来才知道，是因为当局欠薪太多，特务拿不到钱罢工了，大逮捕也就推迟了几天。特务冲进交大抓人的那晚，我刚要睡觉，就听见外边响起一阵阵机关枪声，我一个激灵从床上跳起来，高兴坏了,我想'是解放军打进来了',就冲了出去,没想到对面来人喊'不许动',我这才反应过来,赶紧往回撤!"

机智的黄旭华没有跑回自己的寝室,而是躲进了西斋一楼走道尽头的公用洗手间。他听见几个特务在说:"妈的,三个寝室人都跑光了!"

过了一会儿,一个同学悄悄告诉他,三楼已经被特务搜查过了,现在特务正换岗,楼梯口没人,他可以躲到三楼去。黄旭华冲到三楼,见有一间宿舍的门开着,立即闪身进去。

第二天晚上,在地下党的帮助下,黄旭华换上礼帽长衫,坐着交大总务长的车离开了被特务严密监控的交大。

而穆汉祥因担心还有工作尚未交代,两天后返回交大,不料被潜伏的特务抓住。他坚贞不屈,最后在龙华牺牲。

"上海一解放,我就和同学一起去龙华找被特务枪杀的穆汉祥的遗体。那里,烈士的遗体很长一排,有几十具,因为时间太长已经无法辨认了。"黄旭华沉痛地说,"听说,后来是根据穆汉祥曾经在声援同济学生游行时被国民党骑兵用刀砍折了门牙这个特征,才确认了他的遗体。"

穆汉祥的纪念碑至今仍矗立在上海交大徐汇校区的绿树丛中。

而这次机智的脱险,却成为黄旭华在"文革"中被审查批斗的重点:"谁知道你是不是真的躲进了三楼一间宿舍而没有被特务抓住?"

幸好真有人知道。出来证明黄旭华躲进那间宿舍的人,就是后来担任全国人大常委会副秘书长的李钟英。他也是地下党,他证明说:"黄旭华确实躲在我的房间里,特务没有抓到他。"

造反派无功而返,又理屈词穷,对黄旭华无计可施,只能勒令他去养猪。

大女儿黄燕妮回忆说:"我爸下放养猪时,养猪场就一个灶头一口大锅。每天早晨烀一大锅红薯,像样点的红薯我爸挑出来自己当饭吃,剩下的就都喂猪。"

但如今,黄旭华说起往事,却对当事人充满了宽容和善意:"其实,他们中的大多数也不是坏人,只是当年被'四人帮'那一套洗脑了。他们中的不少人还是很同情我的,常有人偷偷跑到养猪场给我通风报信:'明天要批斗你了,你不要紧张,就是说你什么事,你要有个思想准备。'"

弘毅而又宽厚，正是黄旭华的品格。

但"文革"带来的混乱愈演愈烈，各地工厂和科研单位纷纷停工停产，送来的设备质量也无法保证，核潜艇的建造陷于停滞。国防科委核潜艇工程办公室负责人陈右铭和汪祖辉等同事商定，借鉴原子弹试验时中央军委下发《通知》的方式，起草一个《特别公函》，上报了国防科委。国防科委副主任刘华清立即送呈聂荣臻元帅，聂帅当即以中央军委名义签发全国，强调建造核潜艇"是我们伟大领袖毛主席亲自批准的一项重要的国防尖端技术项目"，要求各有关单位"以'只争朝夕'的革命精神，保时间，保质量，圆满完成任务，夺取'文化大革命'和科研生产的双胜利"。

"正是这把'尚方宝剑'才保证了核潜艇建造的顺利进行！"黄旭华说。

因为有这把"尚方宝剑"镇着，造反派才不敢把所有的科研人员统统关进"牛棚"。更滑稽的是，当"401"艇遇到难题时，造反派的头面人物也知道担不起责任，只能跑到猪圈来硬着头皮求教黄旭华。于是出现了荒唐的一幕：黄旭华在猪圈和设计室、建造厂之间来回跑，今天是

"猪倌",明天是"设计师",后天又是"臭老九",来回折腾。"401"艇的建造虽然磕磕绊绊,总算没有停止。

多年后,聂帅的女儿聂力问父亲:你当时为何如此大胆签发这份《特别公函》?

身经百战的老帅只吐了四个字:"豁出去了!"

三、让弹道导弹"飞起来"

1. 总 M_x ÷ 总 $G = X_g$(船的纵向重心)

黄旭华还在交大求学时,辛一心老师就讲过一个故事:美国麻省理工学院造船专业的学生毕业时,学校要给每人赠送一枚戒指,上面刻着一个公式:"I/v","I"表示的是惯性矩;"v"指的是体积。它以此提醒学生造船第一要考虑的就是船舶的稳性。

在研制核潜艇时,黄旭华也给参研人员讲了这个故事,然后总结说:我们核潜艇的稳性设计要保证"不翻、不沉、开得动"。但却有人不以为然:"这不翻、不沉、开得动,谁不懂啊,还用说吗?"

轻视常识的人,不幸的是他的底气常常来自不知常识的轻重。我国造船业刚起步建造现代化军舰时，就曾发生过新造的舰艇"头重脚轻"，结果一下水就翻沉的事故。

更何况，这是造核潜艇。设计核潜艇与设计水面舰艇相比，有什么不同和特殊要求？

黄庆德是这样解答的：

按照流体静力学里最基本的阿基米德原理，放在液体中的物体受到向上的浮力，其大小等于物体所排开的液体所受的重力。一艘5000吨的船，它的排水量就是5000吨。如果它的体积没有变化而自重增加了500吨，那么船的吃水更深一点就解决了，排水量为5500吨，重量和浮力又达到了平衡。但潜艇和水面舰艇不同，潜艇的耐压壳体是固定的，也就是艇体的浮容积是固定的。如果潜艇的前部超重了，潜艇就会艏倾；潜艇尾部过重，就会艉倾；侧向的左右哪一面过重了，潜艇的稳性就会被破坏，造成侧翻打滚。艏倾、艉倾和侧倾过大，都会造成潜艇沉没。

七一九所总师办主任黄文华说，潜艇的设计是从潜艇在水中的悬浮状态开始设计的，不是从它在水面的状态开始设计的。悬浮状态，就是潜艇的重力和浮力在水中得到平衡的状态。如果浮力太大了，潜艇就潜不下去了；如果重力太大了，就可能即使把水舱的水都排空了它也浮不上来。只有重力和浮力得到平衡了，潜艇才取得了在水下的前后、左右和上下"六自由度"航行的能力。

这道理好像不太难懂，可设计起来绝非易事。首先，设计师要算出潜艇的重心和浮心，重心和浮心两者还必须纵向垂直。

黄庆德和黄文华继续科普：

那怎么才能算出潜艇的重心？那先要算出艇的力矩。已知：

G：潜艇上的每一块钢板或每台设备的重量

L_x = 它与潜艇坐标原点的纵向距离

$M = (M_x，M_y，M)$ 力矩（单位：吨米）

那么，算出纵向力矩的公式为：

$G \times L_x = M_x$（单位：吨米）

然后将所有的 G 和所有的 M_x 分别相加，就得到了总的 G 和总的 M_x，于是就能算出潜艇的纵向重心：

总 M_x ÷ 总 G = X_g（潜艇的纵向重心）

我们知道在一个二维的平面上要确定一个点的坐标，必须知道它在 x、y 轴上的数值，而潜艇的重心坐标则必须是三维立体的，所以它还有一个垂直方向的纵轴 z，所以：

总 M_y ÷ 总 G = Y_g（潜艇的横向重心）

总 M_z ÷ 总 G = Z_g（潜艇的垂向重心）

同理，可以求得潜艇的浮心坐标（X_b，Y_b，Z_b）。

一艘悬浮于水面下的潜艇，要保持其正常姿态，艇的重心和浮心位置，必定是位于一根垂直于水平面的铅垂线上，即艇的重心和浮心的纵轴、横轴坐标相等，垂向位置有一个高度差值，即：

$X_g = X_b$

$Y_g = Y_b$

$Z_b – Z_g = △$

其中，△ >0 为一个设计值。

一艘核潜艇有上万个部件，包括钢板、设备、管线。那时，设计人员没日没夜地用算盘算的就是这上万个部件的加减乘除，从而确定整个潜艇的重心和浮心。错了一个数值，潜艇的重心和浮心就全错了。

更多的情况，不是他们算错一个数值，而是配套厂家送来设备的重量、大小与原来订货时相距太远，那就必须将所有数字都重算一遍。

仅此而已吗？黄庆德说："就连艇上一个舱配置几名艇员，几名艇员大致的体重，以及潜艇携带的淡水、食品等等，都在计算范围之内。"

算出船的重心和浮心后，还要看它俩是不是在同一条垂直于水平面的垂线上，如果相距太远，则必须调整。

船的重心和浮心应该相距多少？这直接关系到潜艇的稳性。在"401"艇的稳性设计上，黄旭华提出控制在浮心之下一定的数值比较合适。如果小于这个数值，潜艇的稳性就差，危险性增大；如果大于这个数值，稳性固然更好，但以当时的设计、施工能力而言，难度又太大。

老专家钱凌白认为，黄旭华提出的这一数值的稳性值是实事求是、客观科学的。他说，我国后来几代核潜艇的稳性设计都比较好，均得益于黄旭华最初提出的稳性设计思想。

2. 45000 张秘密图纸

由此可见，为什么核潜艇设计这么难，而计算又如此繁重。

"现在有了计算机，只要把数字输进去，一个软件一下子都算好了。当时我们只有算盘和计算尺,后来才有了手摇计算器,"黄旭华说,"但是即使现在有计算机,最原始的数据录入,依然要人一个一个输进去的,同样一个数据都错不得。"

当年只有算盘和计算尺的黄旭华他们,经常为得到一个正确数值而组织三组人马同时计算:如果三组人的计算结果都一样,那 OK,通过;只要三组数据有一个不同,就必须重算,必须算到三组人得出的是同一个数值。

计算之难,还因为设计时很多配套的设备尚未研制完成。更何况,"文革"导致的企业生产管理形同虚设,设备粗制滥造十分常见,一台设备运进厂里,才发现原来说是七八百公斤的,现在 1 吨多重了。只要一个数值变化,所有的重心、力矩都要从头算过。

黄旭华发现,核潜艇的重量和浮容积很难控制。没等潜艇造完,在施工中很快就发现全艇总重量将超重近 200 吨,核潜艇面临着超重、重心无法确定、无法平衡下潜的问题。

黄旭华找到所长宋文荣说,要解决好这个问题,必须问钱凌白。钱凌白少年时就参加了新四军,也是老革命，1954年留学苏联列宁格勒造船学院潜艇设计专业，是七一九所顶尖的技术骨干。

黄旭华、尤子平和钱凌白反复研究，并吸取了其他设计师的意见，终于想出了控制潜艇的总重和稳性的多项措施。其中一条就是"斤斤计较"，采用最古老又最管用的办法，在施工时，所有设备、管道、电缆上艇都要称重备案，安装完毕切下的边角废料、剩下的管道电缆拿下艇时也要过秤，并从总重量中扣除。

如今走进"401"艇，就会发现核动力舱的过道是舷侧布置的。而美、苏核潜艇核动力舱的过道都在核岛的上部，那为什么改用舷侧布置呢？钱凌白说，最初我们也打算将过道设在上部，因为核潜艇采用的是两次屏蔽，第一层屏蔽是核堆，第二层屏蔽是核动力舱的舱壁。为解决稳性问题，采用了舷侧走道的方案，艇的稳性指标也相应得到了提高。

"401"艇最后总装完毕，实测下来重心与原来的设计基本一致，海军对此给予了很高的评价。

当年的老同事，至今非常怀念与黄旭华一起攻关的日子，感激他"还为我国的核潜艇事业带出了一支队伍"。

尊重每一位科研人员的贡献，充分发掘大家的智慧，在智慧的"众筹"中激荡创新，是黄旭华的创新智慧。著名报告文学作家祖慰在《赫赫而无名的人生》中对此做了精彩的描述：

每次开会，他提出个问题，像篮球教练裁判一样，把球往上一抛，挑起两队激烈交锋。

但是，他不像篮球裁判，老在那里吹哨，惩罚犯规者，判定得分；不，他不"吹哨"，在创造性思维领域里，无规则就是规则，无犯规一说。他希望双方争得越激烈越好，这样，双方的智能就能发挥到高峰值。他不判谁的这个意见对和那个意见错，因为他只要一判得分，就一锤定音，争不下去了。他只是听着，像他平常听贝多芬的交响乐一样，凝神听着。不，不是凝神，而是激越地听着。他的脸上，保持着永恒的微笑，严守中立，内心却处在高能激发态，自始至终投入激烈但又无声的论战。

这就是他与同事们组成的头脑网络的一种模式。凭这，他的大脑成为决策的终端输出。他最后拍板，制订出一个又一个的设计方案。他的拍板不是用"我的意见如何如何"

来表达,而是一种新型的"网络式"表达。他总把自己的意见与尽可能多的意见衔接起来,成了这样的别出心裁的表述式:

"根据某某的意见的启示,我这样想……"

"我赞成某某意见的某一提法,发展成了这样的想法……"

"某某的批评意见告诉了我们不能做什么,或者说告诉我们能够做什么的分寸……"

呵,每个人输出的信息都与他的信息形成了网络,每个人都在他拍板的定案中找到了自我,这就会激发出大家更多的热情和更大的智慧。

每次拍板之后,他还要加几句独具个性的补白:"在没有决定之前,大家说什么我都欢迎,骂几声都无妨。但是,一旦定了,我请求大家不要再动摇我的决心。干对了,没有说的;干错了,我当总师的承担责任。"

黄旭华带领七一九所的核潜艇设计专家团队,从最初的方案论证开始,到方案设计→初步设计→技术设计→施工设计,他们总共画了多少张图纸?

"我知道他们七一九所的专家总共为'401'艇画了45000张设计图纸。如果把它们一张一张连接起来,大约有30千米长!"行业的一位资深专家透露说。

45000张秘密图纸!

3. "千千万万普通人最伟大"

曾任核潜艇总体建造厂军代表的杨连新说:第一代核潜艇上的每一块钢板、每一台设备的零部件都是中国原创原装,使用的材料有1300多个规格品种,装艇设备、仪器仪表多达2600多项、46000多台件,电缆有300多种,各种管材有270多种。全国共有2000多家工厂、研究单位、大专院校、军队单位参与了核潜艇的研究、设计、试验、试制和生产,涉及24个省、市、自治区和21个国家部委,其规模之大在中国造船史和军工史上都是空前的。

核潜艇是中华民族聚合力的结晶,是这一民族聚合力创造的奇迹。

自核潜艇工程于1965年3月重新启动,到1970年年底"401"艇下水,不过5年多时间。

黄旭华至今记得在"401"艇正式交付海军的仪式上,

钱学森激动地说:"毛主席说'核潜艇,一万年也要搞出来',现在不是一万年,不是一千年,不是一百年,也不是十年,我们就搞出来啦!"

坐在一旁的黄旭华百感交集。核潜艇是他的理想,1945年他因优异成绩取得中央大学航空工程系保送资格,稍晚又接到上海交大造船工程系录取通知书。从小的大海情结、工业救国的理想,让他毅然选择了上海交大。在交大求学期间,他加入地下党,走上革命道路。在中国核潜艇事业的"元年"受命入列,3年后海军司令员肖劲光、政委苏振华任命他为国防部第七研究院副总工程师,他内心十分感激组织的知遇之恩。

为了核潜艇,黄旭华三十年没有回老家。这三十年,对父母而言,黄旭华只是一个会按月给他们寄生活费的神秘的北京信箱号码。

"我的小学同学、中学同学、大学同学,从此都没有联系了。此后三十年里,他们不知道我,我也不知道他们。"黄旭华说。

1961年12月,父亲黄树毂仙逝,黄旭华都没能送父亲最后一程。"我心里很难过,我也想回家去送送老父亲。

但我知道这项工作的保密纪律很严,虽然我知道如果我提出来,组织上是一定会批准让我去的,但这会让组织上为难。我身上带的'密'太重大了,当时的研究任务又这么重,我只能打消了这个念头。"

停顿了一会儿,他说:"我忍着。"

三十年没有回老家,他的8个兄弟姐妹难免对他有所埋怨。

1985年3月,他的二哥黄绍振病逝,享年65岁。因工作繁忙,他也未能回老家相送。

直到1987年第一代核潜艇的保密程度出现了些微的松动,作家祖慰才在那年《文汇月刊》的第二期发表了长篇报告文学《赫赫而无名的人生》,讲述了一位核潜艇总设计师为中国核潜艇事业隐姓埋名三十年的事迹。黄旭华把这期《文汇月刊》寄给了母亲,这篇文章虽然全篇没有提到"黄旭华"三个字,但写了"他妻子李世英",老母亲知道这是她的三儿媳,文章尚未读完,老人已经泪流满面。读罢,老人把其他的子女都叫到身边说:"三哥正在为国家做大事情,你们从此不许说三哥的不是。"

黄旭华的妹妹后来告诉三哥,此后,每当老母亲想念老三了,就把这本《文汇月刊》拿出来反复阅读。每读一次,都双泪长流。

知子莫若母,母亲为他深深自豪。

直到1986年11月出差到深圳大亚湾核电站,黄旭华才首次重回阔别三十年的广东老家。母亲已经从一位硬朗干练的六旬大妈,成为白发苍苍、望穿秋水的93岁老人。

黄旭华在广东肇庆陪伴老母亲3天后,即告辞回所。

"我母亲100岁时,依然生活自理。我爱人要为她洗衣服,她不让。她每天洗衣、扫地、浇花,不让家人插手。"黄旭华说。

1995年,曾慎其老人享寿102岁去世。弥留之际,还对黄旭华的弟妹说:"三哥的事,大家要理解。"

每当说起铸造国之重器的大师,如"两弹一星"的元勋王淦昌、彭恒武、程开甲、郭永怀、朱光亚、邓稼先、陈能宽……我们心中就充满敬意。其实,为之付出牺牲的还有更多的普通人,就如黄旭华的父母兄妹,中国这样的普通家庭何止成千上万!他们无名如沙砾、沉默若黄土、平凡似溪流,却是哺育和支撑中华民族挺起的脊梁的血肉。诚如习总书记所言,"千千万万普通人最伟大"。

黄旭华说:"自古忠孝难以两全。一个人对国家的忠,就是对父母的最大的孝。"

在老同事闵耀元的追悼会上,他失声痛哭。别人问他为什么哭,他说闵耀元对第一代弹道导弹核潜艇的贡献太大了。

我国第一代弹道导弹核潜艇在总体设计时,他们曾看到国外有一份资料说,为了在发射弹道导弹时保持艇体的稳定姿态,美国人在核潜艇上安装了一个65吨的大陀螺。这到底是真是假?要增加这么大一个家伙,核潜艇就要增加一个舱室,黄旭华一时也拿不准,就把研究任务交给了闵耀元、陈源和沈鸿源团队。经过他们翔实的科学论证,证明核潜艇根本不需要装这个巨型陀螺。黄旭华说,当年如果没有闵耀元他们的科学论证,我也不敢拍板。后来事实证明,美国战略导弹核潜艇其实也没有装这个大陀螺。

陈源说,黄旭华是个对同事有真感情的人。所有当年一起搞核潜艇的老同事的追悼会,无论什么职务、什么级别,他这个中国工程院院士都去参加。

"大家都是一起苦过来,一起为核潜艇拼过的人啊!"黄旭华说。

4. "驭龙直上九重天"

弹道导弹核潜艇才真正是大国地位的象征。

1988年9月25日,我国第一艘弹道导弹核潜艇将潜射"巨浪1"导弹。

核潜艇发射弹道导弹,人们首先想到的也许是导弹的飞行距离、分导突防能力、命中目标精度等等与导弹有关的问题。

但"巨浪1"是潜射弹道导弹,它的发射与陆基弹道导弹"东风5"的发射状态截然不同。潜射弹道导弹自身重达几十吨,发射时会对核潜艇产生什么影响?潜射导弹打得准不准,怎么打,都离不开核潜艇性能的支撑。

"黄旭华关照我们:我们做核潜艇总体设计的,一切性能都要从满足海军的实际战斗需要出发。"宋学斌说。

潜射弹道导弹,对核潜艇是一个严峻的考验。首先,准备阶段,当核潜艇接到发射命令后,先要打开平时紧闭着的导弹发射筒舱盖。这时虽然舱盖打开了,但必须保证海水不能灌进发射筒,必须有一层软盖将海水和导弹隔离,这层软盖必须足以承受海水的压力，但又不能太厚，太厚了会增大弹道导弹出水的阻力。

其次，发射阶段，这时候整个核潜艇必须保持前后左右的平衡状态，艇身既不能艏倾也不能艉倾，否则"差之毫厘，失之千里"，发射时的稳态事关弹道导弹的精度。

三是发射后，核潜艇自身的平衡必须迅速恢复。一枚弹道导弹重达几十吨，发射时虽然是二次点火，但用高压燃气将导弹推出发射筒时，仍会产生巨大的后坐力，同时海水瞬间就会灌入发射筒，核潜艇的重心和浮心瞬时发生极大变化，所以如果不能及时"补重"调整，核潜艇就有"失稳"的可能。一旦失稳，第二枚弹道导弹就无法及时发射了。

"我们必须根据海军同志提出的要求，满足核潜艇在最短的时间里，恢复再次发射的能力。"黄旭华要求宋学斌说。

我们的弹道导弹核潜艇能否充分满足实战的发射需求？

黄旭华笑了，"海军提出的发射'巨浪1'的方式，我们核潜艇都能满足。"

那天，在艇长杜永国指挥下，在指挥舱里的机电长高德海将弹道导弹核潜艇稳稳地下潜至预定的发射深度。

发射时刻一到，杜永国一声令下："点火！"高德海传令："点火！"

导弹舱里的发射手迅速按下发射按钮。"巨浪1"裹着巨大的白色水雾从海中跃起，画面极为壮观。

杜永国通过潜望镜观测到"巨浪1"在空中二次点火，飞向蓝天，"导弹出水，运行正常！"

"我们的'巨浪1'采用的是'水下发射，水上点火'的方式，当高压燃气将导弹推出水面时，我们艇上人员都听到一声轰响，艇轻微地震动一下，略微下沉，很快就恢复了平稳。"那时在核潜艇上参加技术保障任务的钱凌白回忆说，"大家都宽慰地舒了口气。核潜艇轻轻地关上了发射筒盖。"

"巨浪1"几秒钟后就消失了，蓝天上只留下白色的尾迹。

弹道导弹核潜艇上的无线电兵不断地向杜永国报告指挥部传来的消息；"第一级发动机脱落""第二级发动机点火""第二级发动机脱落""测量船已经测到再入舱，

飞行正常""再入舱正中指定目标!"

正在迅速驶离发射阵地的核潜艇里一片欢腾!

"巨浪1"的研制成功,我国著名火箭专家、核潜艇弹道导弹运载火箭的总设计师黄纬禄居功至伟。

测试仪器显示,核潜艇发射弹道导弹时,艇体在行驶中的位置偏差、摇摆角、升降角、偏航角都接近于零,艇体姿态近乎完美,证明了我国第一代弹道导弹核潜艇设计得非常科学,满足了潜射弹道导弹的各项要求。

作为发射"巨浪1"试验首区副指挥长的黄旭华,在祝捷大会上即席赋诗一首:

奋发图强奇功坚,苦战告捷喜开颜。骑鲸日游八万里,驭龙直上九重天。

历史将永远记住这一刻:1988年9月15日14时,我国战略导弹核潜艇发射"巨浪1"潜地战略导弹首获成功。中国成为继美、苏、英、法四国之后,第五个拥有核潜艇水下发射运载火箭能力的国家。

中国海军,自此成为一个战略军种!

黄旭华和他的弹道导弹核潜艇模型。　　　　郑　蔚摄

四、出走一甲子，归来仍如初见

如今，黄旭华献身中国核潜艇事业整一个甲子了。

这一个甲子的时光，只够黄旭华做一件事：为国家设计最好的核潜艇。黄旭华在核潜艇研制岗位上坚守了六十年，非常难能可贵。如果说，我国核潜艇的第一任总设计师彭士禄领衔解决了中国核潜艇"有没有"的问题，那么，第二任总设计师黄旭华使中国核潜艇真正具备核反击的实战能力，使中国核潜艇成为大国的"定海神针"。

核潜艇是国之重器，为"镇国之宝"。正如我国第三任核潜艇总设计师张金麟所说，只有建立起一支强大的核潜艇舰队，使我国具备了陆、海、空"三位一体"的战略核力量，才能大大提高我国在国际上的战略地位。

今天，身为中国船舶集团七一九所名誉所长的他，敬终如始，依然在为我国核潜艇事业的未来出谋划策。

每天早晨，只要不外出开会，他都会出现在七一九所的家属院里，打一套兼具杨氏太极和陈氏太极特点的"太极长拳"。上午上班时间，他会准时出现在他的办公室里。

但他总是谦逊地说,现在,他只是新一代核潜艇研制团队的"啦啦队",偶尔客串一下"场外指导"。

杨连新与黄旭华很熟悉。他说,这位总设计师是性情中人,感情丰富而细腻。2006年,他去黄老办公室,说起希望收藏黄老当年设计核潜艇时用的算盘。黄老用商量的口吻对他说:"这算盘是我老岳母送的,我先征求一下她老人家的意见,再给你行吗?"说到"老岳母"时,黄老眼含泪光。半年后,黄老从武汉进京开会,特意带来了这把刻着"旭华"两字的算盘。他还在包装算盘的大牛皮纸袋上亲笔写道:"核潜艇工程1958年开始探索直至1965年正式上马使用过的算盘。"

作为第一代核潜艇总设计师的黄旭华,每次单位评技术职称时他都不申报"高级工程师",总是把机会和名额让给下属。直到1988年,上级都看不下去了,才指定同事代他申报高工。外人有不相信的,问钱凌白是否真有此事,钱老说:"没错,黄院士的申报材料就是我代写的。"

说起黄旭华的家庭,作家祖慰赞不绝口:他的家就如"人间净土",真是太可爱了。黄旭华很有音乐天赋,会口琴、扬琴和小提琴,在繁忙的工作之余,他们夫妇俩和三个女儿会一起开个家庭音乐会，精神生活非常丰富。有一年春节，年过半百的黄旭华和女儿们一起放鞭炮，黄旭华随手拿个空罐子盖在鞭炮上，鞭炮炸响，铁罐一蹦老高，大女儿黄燕妮笑弯了腰："爸爸，过了年就把你送到托儿所去！"

像所有的父亲一样，黄旭华对女儿的爱难免有些"宠"的成分，但却从不逾越规矩的底线。从1982年6月至1986年年底，他当过四年半的七一九所所长，虽为"一把手"，但他严守所规。他的大女儿是通过公开招聘考进七一九所的。

对别人称颂他为"中国核潜艇之父"，他一概否认。说他"隐姓埋名"，他说："我们这个行业隐姓埋名的专家太多了。"

时光荏苒，甲子沧桑。回首往事，黄旭华说："我从中国核潜艇事业开创的第一年起，为他服务了六十年，这让我很自豪。"

他在"日本飞机的轰炸声里"铸就的初心，依然未改。

正是这"轰炸声"始终在提醒他"从哪儿来、往哪儿去"：唯有国家富强，人民的幸福才有保障。对他而言，这是再明白不过的道理。

"不忘初心,方得始终。"习近平总书记说,"中国共产党人的初心和使命,就是为中国人民谋幸福,为中华民族谋复兴。"

六十年来,正是这初心和使命,激励着黄旭华痴迷核潜艇事业。任何艰难曲折都动摇不了他内心的定力,可谓坚忍不拔。

2019年10月1日上午,在首都北京举行的中华人民共和国成立70周年庆典上,黄旭华作为"共和国勋章"国家荣誉获得者应邀登上天安门城楼。

他激动地说:"到天安门广场亲历70周年阅兵现场,是我此行最大的心愿。机会太难得了!所以,我一定要去!我是从事核潜艇研制的,我关注与核潜艇有关的所有武器。中国在1964年原子弹爆炸后,就发表声明,绝不首先使用核武器。但是,不首先使用核武器,并不表示要把核武器放在那里等着挨打。中国一定要拥有自己的核潜艇。站在天安门城楼上,我想了很多。我们研究核潜艇六十多年,六十年过去弹指一挥间;中华人民共和国成立70周年,今天的祖国风华正茂,时代美好;我自己已经到了95岁的年纪，可总觉得还有很多事情想干，对未来充满希望。在阅兵现场，我最想看的大国重器都看到了，我很满意，很放心！"

这就是黄旭华的家国情怀。

"国家也好，家国也罢，有国才有家。"黄旭华说。

这就是大国重器和它的设计师的故事。

都说中国核潜艇是"定海神针"。六十年过去了，核潜艇依然有很多不能言说的秘密。但是大海里发生的故事，大海一定知道。

大海什么都知道。

梁晓庚：隐形飞机来袭？有我们的空空导弹恭候！

世界上最早的空空导弹不是中国人发明的。

当世界上第一代近距格斗空空导弹已经正式列装美国空军时，我人民空军对什么是空空导弹还几乎一无所知。

虽然战机上的机炮仍不能废止，但曾经的机炮时代永远过去了。航空工业武器系统设计技术首席专家、空空导弹型号总设计师梁晓庚研究员说："今天，没有导弹的战机，只能是和平鸽。只有装备了先进导弹的战机，才是战斗机。"

也许很多人想不到，世界上空空导弹第一次实战是发生在中国领空：一架中国人民解放军的歼-5战机被"响尾蛇"空空导弹击落！我飞行员王自重英勇牺牲。用生命的代价，我们才认识了空空导弹。没有空空导弹，就没有制空权。中国的航空工业人从此被逼上研制空空导弹的道路。

距那场"响尾蛇"首次亮出毒牙的空战，已有六十多年，今天的人民空军是否已利箭在翼，足以守卫祖国的领空？万一有他国战机侵犯我国领空，我人民空军能否一击命中？

梁晓庚说："尽可放心。虽然未来的战争是双方体系对体系的战争，但我们研制的空空导弹已经不比世界上性能最好的空空导弹差。世界一流的空空导弹，中国必须有！若有隐形飞机袭来，自有我中国制造的新型空空导弹恭候！"

"没有先进的空空导弹，战机就是和平鸽"

梁晓庚，1960年6月出生于黄河边上的孟县。高中

梁晓庚与我新型空空导弹在某试验基地。 　　梁晓庚 供图

毕业时，他最大的理想其实是当一名治病救人的医生，最想考的是第四军医大学。但梁晓庚的中学物理老师建议说，你是革命家庭出身，为什么不投身国防工业呢？梁晓庚的父亲16岁就到太行山抗日根据地当抗战政府的秘书，很多亲戚都是"老八路"。他转念一想，对啊！就这样选择了西北工业大学，成为西工大恢复高考后的导弹飞行器控制专业第一届本科生。

1982年，梁晓庚毕业于西北工业大学导弹飞行器控制专业，参加工作后一直从事空空导弹研究工作。他曾先后参加并主持了多个国家重点项目的研发及相关配套设备的研制工作，获中国专利15项、国家科技进步一等奖1项和部级成果奖10余项。现为航空工业武器系统设计技术首席专家。

"我觉得自己非常幸运的是，一进单位，就感受到单位非常好的氛围和传统，那就是技术人员潜心钻研专业技术，全院上下最尊敬的是技术权威。当时单位有两位老专家，一位是研究红外导引头的张明，一位是研究引信战斗部的张荫锡。两位都没有行政领导职务，但被推荐为全国人大代表，鼓励我们年轻人以老专家为榜样，这对我选择沉下心来钻研业务的影响非常大。"梁晓庚说。

要说起最初走上研制空空导弹路的历程，最难忘的是航空工业人的艰辛。

"我平生第一次坐飞机乘的是伊尔-76。记得那天飞机上挤了400多人。因为是军用运输机，就是一个大机舱，也没有座位，所有人一个挨一个坐在机舱地板上。飞机动力十足，'呼'地一下子起飞了，机舱里的人倒下了一大片，惯性啊，根本就没有安全带。但因为是第一次坐飞机，我还是很难忘。"

研制导弹是必须去外场打靶的，能搭空军运输机的机会并不多。如果带着导弹去靶场，那得坐几天几夜的火车。下了火车，还得坐长途车，在"搓板路"上再颠上整整一天。第一次到外场试验基地，梁晓庚见识了什么叫"沙窝子"，就是在沙漠里挖地三尺、只露出半个窗在地面的半地下建筑，它的优点是能最大程度地降低防寒保暖的成本。试验基地冬天的最低温度可达-30℃，又没有暖气，所以只能靠纯天然的地暖取暖。空空导弹仿真技术专家吴根水感叹地说："那里冬天只要一刮风，你就是穿着皮大衣，在露天也撑不了20分钟。"

那时，到了冬天一旦大雪封路，就连后勤补给都成了难题，全靠当地老乡卖些土豆萝卜救急。梁晓庚印象最深的是，有一年，大雪阻道，试验队没吃的了，幸亏老乡赶着辆毛驴车送来了萝卜白菜。试验队的厨师还偏偏看上了毛驴，请示队长："能不能把毛驴也买下来？"最后花了300多元买下了那头毛驴，帮着试验队坚持到了最后完成任务。

梁晓庚说："虽然我大学本科学的就是空空导弹控制，但直到进了单位后，才真正知道空空导弹对我们空军有多重要。那时才知道王自重烈士是世界上第一个空空导弹的牺牲者，对我的刺激很大。"

史料记载，1958年9月24日上午，配备了"响尾蛇"AIM-9B空空导弹的中国台湾国民党空军的十多架F-86喷气式飞机，窜入我浙江温州上空。我海军航空兵某部出动战机迎战，驾驶3号战机的王自重，在战斗中与十多架敌机缠斗时，不幸被"响尾蛇"射中。

其实，那时"响尾蛇"空空导弹的命中率并不高，只有26%。这次空战，多架F-86总共发射了5枚"响尾蛇"。

"我们付出的巨大代价证实：没有空空导弹，战机就是和平鸽。现代化的空空导弹大大改变了武器装备与战机的作战效能关系。"梁晓庚分析道,"平台性能与整体作战效能是线性关系,是一次方的;而机载航电系统(雷达和火控系统)与平台是二次方关系,如航电系统性能提高2倍,战机的作战效能就能提高4倍;但导弹与作战平台的关系是四次方关系,如果将导弹的性能提高一倍,战机的整体作战效能就能提高16倍。我们空军现在已经装备了现代化先进战机,但如果没有现代化的空空导弹,就难以将现代化战机的作战效能发挥到极致。而研制现代化的空空导弹,就是我们的使命!"

"新技术是闯出来的,也是拼出来的"

1982年6月,以色列在贝卡谷地上空,用近距格斗红外导弹打出了82∶0的战绩,令世界震惊。

"第一代空空导弹以美国的'响尾蛇'AIM-9B和苏联的K-13为代表,采用的是电子管技术,主要用于攻击亚音速轰炸机。因其红外探测和机动能力等有限,AIM-9B仅具有尾后攻击功能。空战时,谁占据了尾后攻击区,谁就抢占了先机。而第二代空空导弹以美国的'响尾蛇'AIM-9D、苏联的'蚜虫'P-60和法国的'玛特拉'R-550为代表,采用的攻击方式略有进步,为后半球攻击,用于攻击机动能力达3~4个G的轰炸机等目标。美军还有雷达制导的'麻雀'中距空空导弹。"梁晓庚介绍说。

上世纪70年代后期,第三代空空导弹登场,代表性的是美军的"响尾蛇"AIM-9L和AIM-9M,具有在3~5千米之外迎头攻击的能力。这时电子产品走向成熟,导弹的探测灵敏度和跟踪能力大大提高,能全向攻击以6~9个G机动的高性能战斗机,俄罗斯的"射手"P-73也是这一代产品。

从上个世纪八九十年代起,第四代空空导弹问世。美国代表性的型号是近距红外格斗导弹"响尾蛇"AIM-9X和中距拦射空空导弹AIM-120A/B/C。近距格斗导弹采用红外成像制导、小型捷联惯导、气动力/推力矢量复合控制,低阻/超大攻角等关键技术,能有效攻击载机前方±90°的大机动目标,甚至可实现"越肩发射",降低了战斗机空战时占位的要求。

为什么"越肩发射"在现代空战中这么重要？

"如果双方是隐身战机对决，一定是谁也不敢轻易打开雷达，因为打开就不隐身了，双方直到相距10千米左右时才靠目视发现。因为隐身飞机通常都是超音速巡航，所以这10千米的时间非常短，不会超过20秒，谁先用光电雷达锁定对手、发射红外格斗空空导弹者胜。一旦双方战机擦身而过，有'越肩发射'功能的近距红外格斗导弹也会主动转弯紧咬对手不放。"

但研制现代化的空空导弹谈何容易，梁晓庚常说，"科技创新是拼出来的，不拼怎么行？"

"某型空空导弹是跨代产品，最初我们也希望能通过合作的方式发展得快一点，但当我们去找了国际上实力领先的同行，提出'越肩发射、大攻角飞行、抗大过载'这3条技术标准时，对方双手一摊说，'这3条别说你们做不到，我们也只能做到1条'。"

梁晓庚说："这让我们意识到，之前我们研发中遇到难题，还能向国外学习；但如今对外学习已经学到'天花板'了。要打破这个尖端技术的'天花板'，只有靠我们自己去闯、去拼了。"

空空导弹的研制从预研开始，到方案、初样、试样、定型，有着严格的流程。

空空导弹的试验特别难。一辆车试验中出了问题，可以当场在车上排查出故障原因；而一枚导弹打出去往往就找不到了，即使找到了它也摔成残骸了。对此，梁晓庚就提出了用降落伞回收试验弹的设想，这样万一试验弹发生故障，就比较容易查找故障原因了。

这一招不久后果然派上了用场。有一枚试验弹发射后，发生故障。打开用降落伞回收完好的弹体一查，当场就找到了原因。"如果弹体不能回收，不知要多花多少时间故障才能'归零'呢。"某型空空导弹总体性能主任设计师谢永强说。

"梁总的特点是敢于创新，他新点子特别多。"航空工业特级技术专家贾晓洪说，"在某型导弹研制已进行到试样阶段时，用户提出了新的抗干扰技术要求。别人也许会找理由推脱，而梁总敢于担当，他对我们说：'我们交给部队的，必须是好用管用能打仗的产品。'他带领大家又埋头攻关了3年，终于使这款产品具备了全程抗干扰能力。"

导弹的伺服系统性能决定着导弹飞行的机动性。某型空空导弹伺服系统主任设计师何卫国说,在该型导弹研制中,为了提高导弹的机动性,梁晓庚提出必须将模拟有刷电机升级为数字无刷电机。"当时我们对'数字无刷电机'一无所知,而对模拟有刷电机的预研已进行了 10 年。有关负责人不同意推倒重来,而梁总坚持说,技术不升级,产品就不可能换代,再难也要升级换代。他直接找到单位领导,阐述了自己的技术方案。在单位领导的支持下,经过艰辛的研发,终于拿下了数字无刷电机,实现了这款导弹的高度机动性。"

我们研制的空空导弹的机动性究竟如何?

"在最先进的飞行抗荷服帮助下,人体可承受的最大过载是 12 个 G。我们现在的空空导弹的抗过载要求非常大,机动性、敏捷性是飞机的机动性和敏捷性的好几倍,被我们的导弹盯上,它怎么跑得了?!"梁晓庚满脸自信。

"科学认知有个过程,总师就是承担责任的"

在射程百千米以上的中距空空导弹越来越成熟的当下,

是不是近距格斗空空导弹已经没有太大的实战价值了？

"恰恰相反。"梁晓庚说，"在双方没有很强的电磁干扰、双方飞机都不隐身的情况下，可能彼此远在100千米、200千米以外都发现了，发射的是雷达制导的中距空空导弹；而在高机动、立体化、高隐身、复杂电磁环境的空中战场上，双方战机突然遭遇的可能性反而加大了，因为彼此都会担心自己雷达开机早了，就会过早地暴露目标，被对方的中距导弹干掉，所以迟迟不敢开机。双方飞机可能在10千米左右时才互相发现，那时近距格斗空空导弹才是夺取制空权的利器。"

而相对弹体200公斤级的中距空空导弹，弹体只有100公斤级的近距格斗空空导弹，无疑有着特殊的研制难度。"一枚空空导弹应有的导引、控制、引战、推进等系统一样也不能少，但必须更小更轻更敏捷。"梁晓庚说。

如果说失败是成功之母，那不怕失败就是成功之父。梁晓庚不怕试验出问题，即使试验失败了，也从没愁眉苦脸过。他总是说，科学认知有个过程，失败是正常的。不打怎么暴露问题？即使出了问题他也不怨别人，他的口头禅是，"责任在我，总师就是承担责任的"。

其实,在梁晓庚看来,总师不仅是来承担责任的,而且关键时刻是用来"身先士卒"的。

有一次空空导弹打靶试验,眼看着导弹与靶机擦肩而过,近炸引信却没有引爆战斗部。

在监测仪器的跟踪下,这枚导弹飞行了几十千米,扎进了沙漠里的一片原始梭梭林中。"那片梭梭林很密,10米之外就见不到人了。但万幸的是导弹被我们找到了,可导弹断成了三截。"空空导弹导引技术专家付奎生说,"导弹最关键的战斗部件扎进了沙漠里有半米多深,这时导弹已经解除了保险,随时可能引爆。梁总却坚持要把导弹挖出来,他让我们都撤到安全地带,自己带把铁锹开始挖导弹。"

导弹是挖出来了,但因为弹体已经变形,无法正常打开。梁晓庚决定使用爆破用的切割索将它炸开。第一次爆破,导弹的壳体只切割开了一半;再一次爆破,壳体是切开了,但引爆雷管的3根导线却炸断了1根,这更危险了。哪怕一点点静电都有可能将它引爆!

作为总师,没有人比梁晓庚更了解导弹战斗部件里高爆炸药的厉害。他说过:"我们的靶机是用某型战斗机改建的，号称'靶坚强'，但我们的导弹一枚就能将它打折、击落。"可在这真正危险的时刻，他就像排爆手一样果断地将另2根导线也剪断，去掉导线的绝缘层后利索地将3根导线绑在一起，解除了意外引爆的危险。

"你觉得自己比'靶坚强'还坚强吗？"这不能不令人觉得他太冒险。

"拆了才能尽快找到故障原因。"他简洁地回答。

"总师就是管技术的，凡是技术问题对我来说都是原则问题，决不能含糊。"他就是这么个总师。

在研制某型空空导弹时，他对传统的控制方式提出异议，但大多数人认为出问题的概率很低，仍坚持采用传统的控制方式，他坚持保留意见。试验时，被他不幸而言中。"为什么小概率事件发生的可能性很大？这就是墨菲定律，"梁晓庚认为自己的坚持是有科学根据的，"任何一件事如果有两种选择，其中一种将导致灾难，则必定会发生。"

"梁总平时待人没有架子，但工作起来绝对严实，没有任何含糊。"曾负责空空导弹工艺技术管理的郭晓楠说。

有一次，梁晓庚应邀参加某型导弹的技术评审。按设

梁晓庚在某试验基地检查被我新型导弹击落的靶机。

梁晓庚 供图

计原则，应当是先做导弹的低温试验，再做高温试验。但在做低温试验时，出现了问题。研制人员找不出故障原因，就改为先做高温试验，再做低温试验，竟然成功了。梁晓庚知情后，毫不客气地拍了桌子："导弹先做低温试验是有科学根据的，它随载机升空，最先经受的就是低温考验，长时间飞行后温度升高，再经受高温考验，这怎么能变呢？从低温的特点找故障原因，才能真正解决问题啊。"

在他的指点下，研制团队果然找到了症结所在。

如今，中国的空空导弹实现了从第三代到第四代的跨越，使我们的空空导弹整体达到了世界先进水平。

2016年，梁晓庚主持研制的一款外贸型空空导弹公开亮相，引起国内外军界极大关注。美国环球战略网评价说："该型导弹与美国最先进的'响尾蛇'导弹性能不相上下，真正实现飞行员看哪打哪。"

梁晓庚说："把我们的国防做得更强大，让别人不能来战、不敢来战，保卫祖国的和平，这就是我们的使命和目的。"

为了长空铸箭，梁晓庚平均每周工作近80小时。近年来，他只休过一次假，还晚去了3天。这3天里，他主持发射了2枚试验弹。

他说："一枚空空导弹有数千个零部件，有百多家企业合作。导弹打成了，是整个研发团队的成绩，不是我个人的。"

很多朋友关心：在越来越多的隐身战斗机、隐身直升机、隐身无人机和隐身巡航导弹等各种隐身飞行器面前，我国的空空导弹能不能有效御敌、保卫祖国的领空安全？

《国防时空》主编陈虎说，我国的新一代空空导弹是"反隐身"利箭。第四代机的出现，使空战进入到隐身时代，如何打隐身战机，确实是一个世界性难题。但隐身战机的"隐身"，主要是针对雷达波，当然，也会有一些针对红外探测的隐身措施。但目前其红外隐身效果，远不如雷达隐身的效果那么好。目前世界上最先进的隐身战机，可以把对方雷达的探测和锁定距离缩短到三分之一甚至更低，但能把红外光电探测设备的发现距离压缩三分之一就不错了。更何况，我国的PL-10E采用的是红外成像制导，也就是所谓的凝视焦平面列阵这样一个制导方式，即使是目前最先进的隐身战机，也难逃该导弹的锁定。

梁晓庚和他的团队，好样的！

孙泽洲：从月球到火星，走起！

"谁发现了月亮？"即使在最爱刨根问底的《十万个为什么》里，也没有这么个"荒唐"的问题。月球和地球已经相伴了45亿年之久，最初"举头望明月"者，也许是250万~300万年前刚刚开始直立行走的原始人类吧。

也许这意味着，人类从看到月球到踏上月球，花了250万~300万年的时光。1969年7月，"阿波罗11号"实现人类首次登月。

2019年9月下旬，中华人民共和国成立70周年前夕，中宣部、中组部等授予航天科技"嫦娥"团队"最美奋斗者"集体荣誉称号。

从第一颗人造卫星升空以来，中国人终于搭起了飞向太空的天梯：神舟飞天、北斗组网、天宫遨游、嫦娥探月……

2013年12月14日21时11分，随着"嫦娥三号"在月球实现软着陆，鲜艳的五星红旗第一次登上月面。"嫦娥奔月"，这中华民族流传千年的美丽神话终成现实。

2019年1月3日，"嫦娥四号"又开创了人类航天器首次登陆月球背面的纪录。

"'嫦娥四号'着陆器和'玉兔二号'月球车已又一次顺利通过月夜极低温考验，分别于2020年5月17日3时25分和16日11时53分，受光照自主唤醒，迎来了第18个月昼工作期。5月17日，也正是'嫦娥四号'着陆月球背面的第500个地球日。"在北京航天城的航天科技集团五院总体部，"嫦娥四号"探测器总设计师孙泽洲说，"在这500个地球日里，'玉兔二号'月球车累计行驶里程447.68米，目前距着陆器292米，其间还实施了岩石探测、车辙探测、撞击坑探测等多项科学探测试验。"

"嫦一":真觉得月球非常远

接到南京航空航天大学的录取通知书时,孙泽洲没有想到自己会干一辈子航天。

1988年,他报考南航时,就想着学成之后,能继承父业回沈阳进沈飞集团。从小在沈飞集团家属大院里长大,从父辈的日常言谈中,他多多少少了解到中国航空工业的短板和痛楚,以及父辈们的拼搏和宏愿。期盼在南航学成后进沈飞的研究所,制造出中国新一代的战机,这是他和在沈飞干了一辈子工艺设计的父亲共同的人生愿景。

孙泽洲,1970年出生于辽宁沈阳,在沈飞集团的大院氛围中长大。1992年毕业于南京航空航天大学电子工程专业,进入中国航天科技集团五院总体部工作。2001年开始参与"嫦娥"的前期论证,负责星载测控论证工作。2004年,年仅34岁的他被任命为"嫦娥一号"卫星副总设计师。2008年,担任"嫦娥三号"探测器总设计师,现为"嫦娥四号"探测器总设计师和火星探测器总设计师。

他为我国深空探测领域的发展做出了突出贡献。曾获国家科学技术进步奖特等奖1项、一等奖1项、创新团队奖1项、国防科技特等奖等省部级科技奖励5项，以及"全国五一劳动奖章"。

同样是国内知名的航空航天大学，为什么选南航而不选离沈阳更近的北航呢？"北航的录取分数可能会更高一些，所以我第一志愿就填了南航。"快人快语的孙泽洲回忆道。

也许，这说明孙泽洲很适合干航天这样高风险的行业：诸多选项中，高可靠性才是最重要的。

"读南航时，我一个月的生活费才50元。"虽然并不承认自己当年有多"学霸"，但他确实几乎每年都能拿到一等奖学金。更重要的是，南航还培养和锻炼了他的组织能力，他是班长兼系团总支副书记。这段经历对他后来成长为必须协调方方面面的总设计师来说非常重要。"其实，我读大学时只有一个小目标，就是尽可能把眼前的每一件事情做好。"

1992年夏，南航毕业的他却走进了航天科技集团五院的大门，先后参与了"资源一号"、"资源二号"和"实践五号"卫星的总体工作。2000年，而立之年的他就被任命为"中巴资源一号"02星的总体副主任设计师。次年，加入"嫦娥一号"研发团队。

"'嫦娥一号'是我国航天迈出深空探测的第一步，面对很多挑战。它的主要任务是对月环绕探测，用得上我学的专业。之前，我国发射的各种卫星主要在近地轨道运行，高度大约在1000千米以下。即使有3.6万千米的地球静止轨道卫星，也是定点在赤道上空的，地面站的天线不用整天转着跟踪。当时，我国地面测控站的天线直径是10~12米的，而深空探测的天线直径至少要30米以上。"孙泽洲说，"地月之间的平均距离是38万千米，月球的远地点甚至达到42万千米。从38万千米外发回的无线电信号强度，仅为从380千米近地轨道发回信号强度的百万分之一。我们当时真觉得地月间非常遥远，瓶颈就是我国当时还没有建成大口径的深空测控网，因此亟须破解地月通信这一难题。"

天线的直径有多重要？简单来说，天线的直径每增加2倍，通信能力就增加4倍，两者是平方关系。

但建设地面站周期较长，孙泽洲带领团队从提高星载测控系统能力这一端开始攻关。"科学发现是个不断试错的过程，试错的'终结者'是终于试对了。"他说，"但这个'终结者'经常姗姗来迟，可航天事业不会允许你长时间地试错。所以我们必须想尽一切办法尽快试对。"

2004年，"嫦娥一号"正式立项，孙泽洲被探月工程卫星系统总指挥、总设计师叶培健院士选为副总设计师，协助其分管测控与数传、天线、机构与结构、热控、供配电6个分系统的总体技术管理工作。

"当时我们这个团队都是30岁出头的年轻人。"孙泽洲说，"叶总对我们年轻人很信任，但同时要求又非常严格。他的特点是既能把握大局，又注重细节。我们航天历来强调作风严、慎、细、实，那时有本书叫《细节决定成败》，叶院士专门买来送给我们，人手一册。他最经典的话就是：'对问题就是要捕风捉影''把问题彻底搞明白了，工作才会不留遗憾'。叶院士的言传身教对我影响非常大，他就是我'怎么做一个总师'的榜样。"

孙泽洲率领他的研发团队，夙兴夜寐，殚精竭虑，终于发现通过对星载测控系统有效的分路合路，以及天线的异频空间组阵，可以有效提高星载测控数传的能力，从而破解了在没有深空测控网支持下的地月远距离通信的难题。

"嫦一"遇到的另一个拦路虎就是"月食阴影"。设计初期主要考虑了月球阴影的影响，只有 45 分钟。进入初样研制阶段，认识到长期环月飞行期间月食阴影的不利影响，这个阴影的时间可能是 5~6 小时。

月食阴影何以这么长？因为地球的影子远大于月球的影子。"阴影期过长，太阳能帆板长时间不能供电，对嫦一的设备温度维持能力、蓄电池组蓄电能力等带来严峻考验。"孙泽洲说。

"通过集思广益，我们确定了星上设备'开源节流'和卫星'轨道调相'等措施，调整特定时刻卫星在轨道上的位置，有效缩短了卫星在阴影区滞留的时间。"孙泽洲说，"嫦一圆满完成了月球探测的任务。"

"嫦三"：挑战多个世界第一

"我当'嫦娥一号'副总师的时候，总觉得叶院士是我们的主心骨。遇到困难，有叶院士在，我和团队就不会慌。"孙泽洲坦诚地说，"2008 年，我被任命为'嫦娥三号'

总设计师后，肩上的压力陡然增大了，因为团队把我当作'主心骨'了。"

"嫦三"承担着探月工程第二阶段"落"的使命，主要任务是实现月面软着陆和巡视勘察。它不仅有着陆器，还有巡视器"玉兔"，等于从地球出发时是一颗航天器，抵达月球后要变成两颗航天器，推进系统、控制系统、移动系统……几乎都是从零开始设计、研制、试验、验证。通常一颗新的卫星包含的新技术、新产品，大约20%~30%，而"嫦三"的新技术、新产品占到了80%左右。

五院总体部空间科学与探测总体室"嫦娥四号"总体副主任设计师温博回忆说，她自2007年进五院工作就加入了"嫦三"研发团队。那时，因为条件有限，"嫦三"研发团队在航天城的一间地下室"集同工作"。"集同工作"是航天人特有的一种工作方式，就是不同专业、领域的团队在一起脑力激荡。连续好几个月，孙总和团队天天在地下室里，从8点一直讨论到22点。每次会议开始时，他不多说话，倾听各方面的意见，然后集思广益，把住关键点，提炼出一个个思路，给人"拨云见日"的感觉。

2013年12月2日，"嫦三"用"长三乙"发射成功。

25分钟后就进入地月转移轨道，5天后抵达环月轨道。12月14日，在预定的距离月面15千米高度的轨道上，启动了我航天器上使用的最大的7500N变推力发动机，开始软着陆。

软着陆历来被视为落月过程中风险最大的环节，有"黑色的720秒"之称。"嫦三"选择了月面地势较为平缓的虹湾着陆，着陆时孙泽洲还担心吗？

"虽然'嫦三'所有的系统在地面都反复进行了试验，我们的团队对我们的产品是有信心的，但毕竟之前人类对月面观测的精度是有限的。'嫦三'下降时，我主要担心月面地形是否安全。"孙泽洲沉思道。

月球没有大气层，所以"嫦三"不能使用降落伞减速，只能通过变推力发动机反喷减速。"由于月球表面凹凸不平，为避开大石块和大坑，下降过程中探测器会自主进行粗避障，然后下降至距月面约100米时，"嫦三"像直升机一样悬停，通过敏感器实现精避障，这都是世界首次。"孙泽洲说，"虹湾虽然平缓，仍有不少大坑和石块。巡视器'月兔'虽然具有爬坡20度和越障高度0.2米的能力，但我们的着陆器目前只能从一个方向释放'月兔'。如果巡视器的释放方向正好有一个大坑或一块大石头怎么办？所以着陆过程的避障极为关键。"

"'嫦三'为何不采用气囊式软着陆？"不少航天爱好者都曾提出过这样的问题。

"这主要是因为'嫦三'的质量较大，着陆质量超过了1吨，比较下来还是采用了悬臂梁式的4条着陆腿设计。"他说，"每条腿上有2根拉杆缓冲器和一个脸盆一样大的'大脚掌'，将最后2米自由落体过程中产生的冲击能量全部吸收。这一研制过程非常坎坷，曾经多次断裂，直到最后才成功。"

为破解软着陆和月面探测难题，孙泽洲率领团队建立了可模拟仅为地球重力六分之一的月球重力环境和月表地形地貌的大型试验场，甚至用火山灰等来仿真月面，还进行了上万次数学仿真和成百上千次的桌面联试，终于为"嫦三"成功奠定了扎实的基础。

"嫦三"着陆器设计寿命为一年，但已做到了超期服役。它和"嫦四"遥相呼应，成为在月面工作时间最长的探测器。

"嫦四"+"鹊桥"：踏上人从未去过的月背

"'嫦三'已经很成功了，原来作为备用星的'嫦四'怎么办？如果因为挑战一个更困难的任务，它失败了，社会舆论会不会觉得'嫦三'的成功也只是一种偶然？如果都这么去想，那就没有登陆月球背面的'嫦四'了！"孙泽洲说，"在'嫦四'的使命选择上，叶培建院士发挥了重要作用，体现了航天人以国家利益为重的胸怀和以科学探索为重的境界。"

2016年1月，国防科工局正式宣布，"嫦娥四号"将于2018年年底发射，着陆器和巡视器将首次登陆人类从未留下足迹的月球背面。

五院总体部电子信息部"嫦娥四号"主任设计师刘适说，从"嫦二"开始，我国建设深空探测网，分别在佳木斯和喀什建了直径66米和35米的天线，但"嫦四"选择了永远背对地球的月背着陆，因此仍必须建立新的通信架构，就是在地月之外再定轨一颗通信中继卫星"鹊桥"，孙总为这个新的通信架构的建立，做出了重大贡献。

"鹊桥"既然是中继星,是否就在月球边上绕飞?刘适却说:"'鹊桥'绕月飞行的 Halo 轨道,近月点 4.7 万千米,远月点 8 万千米。它携带直径 4.2 米伞状天线,既要对准月背'嫦四'着陆器和'月兔二号',又要将信号传输回最远 48 万千米的地球,难度非常高。"

原来,"鹊桥"至月背的距离,竟然比 3.6 万千米的地球静止轨道离地球还要远。那为何要选择这个轨道呢?

要实现月背与地球的中继通信,这个中继星的轨道有两种选择,一种是环月轨道,它的优点是离月球距离近,为 100~200 千米,但缺点是它不能始终对着月背,从无线信号的传输来说,它的中继实时性不佳;而另一种就是我们最终选定的 L2 点,它的优点是始终对着月背,能满足中继通信必须始终保持实时性的要求,但缺点是距离月背太远,需要解决远距离中继通信的难题。

这就不难理解为什么"鹊桥"的研制难度这么大。刘适回忆说:"为了解决中继星的一个又一个难题,我们团队经常加班。试验经常做到凌晨两三点了,早晨 8 点钟又开始第二波试验。"

总体部质量处"嫦四"项目办产保助理付春玲说:"产

孙泽洲与即将投入发射的"嫦娥四号"探测器合影留念。

北京神舟航天文化创意传媒有限责任公司 供图

品保证工作遇到新问题时,孙总总是特别叮嘱我查清标准,以体现'按规定工作、按标准办事'。每次质量评审会,等专家和领导走了之后,他会把相关的团队留下来,逐条落实专家的意见,凡有疑点的地方彻底解决,实现问题的闭环。"

2018年5月21日,一枚长四丙运载火箭将"鹊桥"送上太空。

7个月后的12月8日,"嫦四"搭乘长三乙运载火箭升空。

很多航天爱好者都想知道:"在月背软着陆的风险,与月面有什么不同?"

"'嫦三'着落区的地形起伏仅800米,而'嫦四'着落区选择的月背南极-艾肯特盆地地形起伏高达6000米,因此它必须落得准、落得稳。"孙泽洲说。

2019年1月3日10时许,"嫦四"在距月面15千米的轨道上自北向南飞向艾肯特盆地,10多分钟里将运行速度从每秒1.7千米降到0,然后开始动力下降。在距月面100米处,"嫦四"开始悬停,对下方的障碍物和坡度进行识别,自主避障。它向西南方向移动了8米,然后开始缓速垂直下降。10时26分，一吨多重的"嫦四"探测器成功着陆在艾特肯盆地冯·卡门撞击坑的预选着陆区（月球背面东经177.6度、南纬45.5度附近）。选择此处是缘于该撞击坑的物质成分和地质年代具有代表性，对研究月球和太阳系的早期历史具有重要价值。

在地面指挥中心控制下，通过"鹊桥"搭建的中继通信链路，"嫦四"探测器展开太阳翼和定向天线，建立了定向天线高码速率链路。11时40分，着陆器获取了世界第一张近距离拍摄的月背影像图并传回遥远的地球。

当日22时22分，"月兔二号"巡视器完成与着陆器的分离，驶抵月球表面。

1月11日，在"鹊桥"支持下，"嫦四"着陆器与"玉兔二号"顺利完成互拍，图像清晰完好，中外科学载荷工作正常，探测数据有效下传，搭载的各项科学实验项目顺利开展。

"'嫦三'的'月兔'在第2个月昼期间于行进中'受伤'，可能是被石块磕碰，机构控制不能正常进行。针对这一问题，我们对'嫦四'的'玉兔二号'进行改进升级，重新进行了布线，以免月面石块触碰。"孙泽洲说，"在系统的设计上，我们重视了对故障的有效隔离，现在做到了即使2个轮子受损，它依然能运行。"

据悉，至2019年7月上旬，"嫦四"工程地面应用系统已向科学研究核心团队发布第六批科学探测数据，总数据量为1.2G，共计531个数据文件。

"嫦四"预定的科考任务基本完成之后，孙泽洲又在忙什么呢？

身为火星探测器总设计师的孙泽洲，着手为2020年火星探测器的飞行紧张工作着。

叶培建院士曾说过，如果把从地球到月球的距离，比作从天安门广场到王府井，那从地球到火星的距离，就相当于从天安门广场到上海的外滩。

为什么2020年是发射火星探测器的"好日子"？那是因为每隔26个月会发生一次"火星冲日"，"火星冲日"就是火星、太阳和地球三者位于一条直线上，届时发射火星探测器，探测器从地球飞到火星的距离最短，因此飞行时间最短、探测器消耗的燃料也最省。假如错过了2020年的"火星冲日"时间点，那下一次发射就要再隔26个月，期待下一个"火星冲日"的时间窗口。

即便"火星冲日"发射成功,地球与火星有4亿千米之遥。火星探测器要飞行7个月,于2021年才能抵达火星。这4亿千米的远征,是何等壮怀激烈的深空之旅。

可想而知,这7个月的飞行时间,对孙泽洲等航天科学家来说,是多么严峻而漫长的考验。更何况,我国第一次火星探测目标是要一次性地完成"绕、着、巡"任务,火星探测器不仅要成功着陆火星,火星车还要与探测器成功分离,在火星上也许还要完成与探测器的互拍,再进行巡视勘探。对中国航天人来说,这又是一项全新的历史性的"天降大任"。

"火星探测第一次就要实现'绕、着、巡'目标,这在世界上从来没有哪个国家是同时完成的,任务难度非常大。"作为火星探测器的总设计师,孙泽洲深感肩头责任重大。

自上世纪60年代以来,人类共实施了42次火星探测任务,成功率仅为52%。"我们的火星任务最难的地方,就是探测器进入火星大气后利用气动外形减速和降落伞减速的过程。"他说,"月球上没有大气,而火星有大气,对此我们必须加以利用。但火星的大气又与地球的大气层不同，火星的大气密度仅为地球的百分之一左右。火星探测器着陆的时间更短，只有7~8分钟。而火星离太阳更远，火星的太阳光照强度只有地球轨道的40%。虽然火星的天空没有云彩，但薄薄的大气同样会衰减阳光的强度。更重要的是，火星上还有沙尘暴，沙尘一旦落在太阳帆板上还会影响太阳帆板能力的40%~60%，这些都是我们必须面对和解决的巨大挑战。"

"所以我们的工作特别紧张，好在我爱人同在航天系统，她比较能理解我们航天人。"孙泽洲宽慰地笑了，"我平时每天很晚回家，家里人都睡了，但是我家门厅里的那盏灯总是亮着，让我觉得很温暖。"

门厅里总是亮着的那盏灯，温暖了孙泽洲；而成千上万个像孙泽洲一样的航天人，他们不懈地探索和努力，为我们点亮了探索星际世界的火炬！

谢 军：中国北斗，导航精度越来越高

阿波罗登月、航天飞机和卫星导航，这是20世纪人类航天事业的三大杰出贡献。就其对人类日常生活影响而言，尤以卫星导航为最。

2019年9月下旬，中华人民共和国成立70周年前夕，中宣部、中组部等授予航天科技"北斗"团队"最美奋斗者"集体荣誉称号。

远在浩瀚太空的北斗导航系统，和你我的生活究竟有什么关系？将它们"星罗棋布"一般在太空织成一张网，又有多难？

人类最早的导航设备是什么？是岸边的灯塔，是崖壁上的石阶，还是夜空中璀璨的北斗七星？

"河汉纵且横，北斗横复直""入得光芒北斗星""泰山北斗人皆仰"……在中华民族灿若星河的唐诗宋词里，留下了多少诗人对北斗七星的敬仰和咏叹。

北斗，还凝聚了先人对天文地理的认知。

在中国航天科技集团五院总体部，"北斗二号"导航卫星总设计师，现任"北斗三号"工程副总设计师、"北斗三号"导航卫星首席总设计师谢军说："2018年，我国成功发射了19颗北斗卫星，到2020年，'北斗三号'将实现从目前为我国及'一带一路'沿线及周边国家提供基本服务到覆盖全球、服务全球的跨越。"

北斗系统是国家重大空间基础设施。习近平总书记曾高度评价来之不易的北斗系统："北斗系统已成为中国实施改革开放40年来取得的重要成就之一。"

2020年6月23日9时43分，长三乙运载火箭在西昌卫星发射中心升空，将第55颗北斗卫星——"北斗三号"全球卫星导航系统最后一颗组网卫星送入预定轨道，北斗三号全球组网顺利收官。

"4小时的冲刺"源于跨世纪的梦想

2007年4月16日,是谢军和他的团队永远也忘不了的一天。

此前两天——4月14日凌晨4时11分,从西昌卫星发射中心冲天而起的"长征三号"甲运载火箭,将"北斗二号"第一颗MEO(中圆轨道)飞行试验星送上太空;5时16分,太阳翼帆板展开。两天后,卫星经过3次远地点变轨等控制,于16日进入卫星工作轨道。

"16日晚上20时14分,试验星上的有效载荷产品开始加电开机。"谢军如数家珍般地说,"那晚,所有参与'北斗二号'导航卫星接收终端产品研发的单位,都将自己的接收设备放在一个操场上,等待卫星发送信号。21时46分,地面系统正确接收到了卫星播发的B1导航信号;21时54分,接收到了卫星播发的B2导航信号;22时03分,接收到了卫星播发的B3导航信号。当地面设备接收到这来自太空的信号时,所有在场的同志都高兴地跳了起来!当时,我在西安卫星测控中心,也非常激动!我们终于实现了 2007 年 4 月 17 日前激活北斗导航信号的目标要求，确保了"北斗二号"系统申请的卫星导航信号频率与轨位资源！此时，距离国际电联规定的空间频率申请失效时限仅有不到 4 个小时。"

太空浩瀚，但频率资源有限。此前，国际电联曾规定，任何国家申请空间轨道和信号频率资源是有时限的，如超过 7 年还不能将所设计的卫星发射上天，所申请的频率资源作废。

当时，美国的 GPS 和俄罗斯的格洛纳斯导航卫星已经使用了大量频率，剩下来的有限资源为欧洲导航卫星"伽利略"和中国导航卫星"北斗"所分享，谁先完成发射谁就拥有使用频率的优先权。国际电联"先到先得""逾期作废"的规定，给了中国航天人很大的压力。

"我是在 2006 年 3 月时，才听说我们 2000 年向国际电联申请的导航信号频点，到 2007 年 4 月 17 日要过期。"谢军说，当时确实有点紧张，"因为当时我们卫星的研发还未全部完成，担心时间不够。唯有优化流程，抓紧研发。"

之前，"北斗一号"虽已在 2002 年完成了双星定位，但按照国际电联的标准，"北斗一号"仍是"试验系统"，它与"北斗二号"卫星播发的导航信号技术体制完全不同，使用信号的频率资源不同。

为了确保这一国家任务的如期完成，航天科技集团要求"标准不能降，流程不能减"。剩下能压缩的，只有休息时间，"我们只能以跑百米的速度来跑马拉松。"谢军说。

2007年的春节都没有过完，大年初三，航天五院的大队人马就从北京飞往西昌。从卫星总设计师谢军起，所有参试人员进场后先干3天体力活，搬设备、扛机柜……检测设备安装就位，马不停蹄开始了连续6天6夜的不间断加电测试，以模拟卫星和有效载荷在太空连续工作的状态。从院士、型号总师到技术人员，一刻不停地轮班盯着测试进程，发现了问题及时解决。后来，在卫星从技术区转入发射区后还是暴露了星地通信应答机信号源不起振的问题。

所有的问题都"归零"之后，专家层决定："北斗二号"首颗MEO试验星14日发射。

"就在卫星发射前一天晚上10点多，孙家栋院士还在和我商量，万一卫星在太空再发生什么故障，你要怎么和地面测控系统、发射场系统协调。我都一一记在'发射任务清单'上。"谢军回忆说，"孙院士等老一辈航天人的责任感真的是特别强。按照孙总的要求,我们与地面测控人员的沟通协调一直持续到14日凌晨2点。所幸,非常顺利。我们之前担心卫星万一发生的故障,都没有发生。"

"北斗",其实并不是我们最初的卫星导航计划。

"你知道吗?早在上世纪六七十年代,老一辈航天人就曾提出过一个名为'灯塔'的卫星导航计划,可由于当时国家陷于'文革'动乱,只能被迫止步,但这个'灯塔'的梦想始终在我们一代又一代航天人心里。"谢军说。

"'北斗二号'的设计寿命是8年,但我们2010年1月17日发射的第一颗组网星,至今状态良好,仍在使用。"谢军颇感自豪。

原子钟误差1毫秒,定位精度误差300千米

谢军的人生,其实是在2003年9月被2个来自北京的电话改变的。打第一个电话的是时任五院院长袁家军,他说,院里决定调你担任"北斗二号"的技术总负责。时任504所所长的谢军,知道这副担子不轻,不敢贸然答应。几天后,谢军的老领导、五院常务副院长兼"北斗二号"

总指挥李祖洪的电话来了:"你别犹豫,现在'北斗二号'的任务很紧迫,难度很大,赶紧来。"

谢军明白,此乃航天用将之时。

谢军于1959年生于山西太原市,在西安完成中小学教育,1978年考取中国国防科技大学电子技术系雷达专业。1982年本科毕业后入职中国航天科技集团五院504研究所,1987年毕业于该研究院通信与电子系统专业,获硕士学位。接到袁家军和李祖洪调任电话那年,他是航天科技集团五院504所所长。至今,他从事航天事业已有38年。

2003年12月,五院成立"北斗二号"项目办,谢军正式走马上任。

既然已建成"北斗一号",为什么国家还要接着上马"北斗二号"?"北斗一号"始建于上世纪90年代,陈芳允院士认为国家实力有限,不可能像发达国家一样一下子打几十颗导航卫星上天,提出了"双星定位"的体制,用"2颗GEO星(地球静止轨道卫星)+地面站"的方式,实现了我国导航卫星从无到有的飞跃,但其覆盖区域和定位精度仍难以满足国家发展和百姓生活的需求。

横亘在谢军和他的团队面前的,是从平台到星上载荷的全新挑战。

作为"北斗二号"的技术总负责，每颗卫星的设计定型、生产制造、进场发射，谢军都要在文件上签字，因此，他的压力确实很大。

"北斗一号"采用的是通信式的有源定位，用户机必须发送信息才能参与定位，这一转发式体制不仅造成用户容量受限，而且用户机的成本很高；而"北斗二号"采用广播式的无源定位，即用户机可不发送信息，只要接收和解读4颗以上导航卫星发来的数据，即可计算出其自身所在的位置，这一导航方式用户数量可以不受限制。举例说，"北斗二号"就像广播电台通过无线电发送节目内容，节目内容可以是新闻，也可以是歌曲，凡是有收音机的只要调对频率都可以收听，收音机数量不受限制。

而为了实现上述目标，"北斗二号"必须以星载原子钟来定时，方能实现定位。而此前，"北斗一号"的授时工作主要由卫星地面站来完成，星上没有原子钟组。

既然导航用户是通过至少接收4颗以上导航卫星发射的位置信息来计算出自身位置的，因此这4颗星的时间必须准确而同步。

不知你有没有注意到：过去，手表过一段时间需要校时；而现在手机需要校时吗？手机时间与电视台的时间永远是同步的，这就是因为手机和电视台采用的都是北斗卫星导航系统授时时间。我卫星导航的时间精度是 50 纳秒。1 纳秒是千分之一微秒、百万分之一毫秒、10 亿分之一秒。为什么需要这么精准的时间？因为光速是每秒 30 万千米，如果有一只原子钟慢了 1 秒，那计算机就会判读你离这颗卫星又远了 30 万千米！

时间在此转换为空间。

我们已知：C（距离）=R（光速）×T（时间），因此 T 的误差量级为：1 毫秒的误差，在定位精度上造成的距离误差为 300 千米；1 微秒的误差影响定位精度 300 米，1 纳秒的误差是 0.3 米。

这是太空版的"差之毫厘，失之千里"。

"星载原子钟哪里来？最初，我们也想过购买或引进。"谢军说，"但要么是发达国家不卖给我们，要么是价格贵得我们买不起。我们的自主创新其实是被逼出来的。"

正如全国政协委员、中科院院士、航天科技集团科技委主任包为民所言，中国的航天史实则就是一部自主创新史。他说:"在改革开放初期,我们也曾大量引进、吸纳西方的先进技术和元器件。但是一旦应用到我们的尖端装备上,随即就会受到封锁和制裁,市场上马上就买不到了,即使还能买到,价格也会被抬高10倍以上。"

"我们的经费,只够买'北斗二号'所需原子钟数量的一半,还有一半必须我们自己动手造。当时我们就提出了'集智攻关,团结协作,强强联合,突破星载原子钟的工程化'的要求,必须拿下原子钟。"谢军说。

"一开始,我们就想到过自主创新很难,但真没想到这么难。"谢军回首这些年走过的创新之路时说,"有人问我,做总师最怕什么?就是怕自己做出决策后,解决不了产品的问题,而眼看着时间在一个月一个月过去,这是最焦虑的。但为了完成国家的任务,再难我们也只能扛着。当初,研制出的第一台原子钟在工作中经常突跳,精度很差。怎么办?我自己的专业不是研究原子钟的,只能泡在一线上,和研制原子钟的专家一起分析问题,想方设法攻克难关。"

该院总体部导航卫星总体室副主任设计师康成斌说,为了解决星载原子钟质量这个"拦路虎"问题,谢总是用心去深入一线，那些原子钟生产厂家的技术人员，他都叫得出名字。有时做产品试验，他也一直守着，36个小时不合眼。

星载原子钟设计出来后，谢军提出，必须防止出现星载原子钟在地面准而上了太空不准的问题。这就要从解决太空和地面的差异入手，地面有空气的辐射、对流、传导，而太空中没有。经过反复攻关，终于在生产控制中解决了在非真空的条件下，模拟保证真空条件下的工作特性问题。

星载原子钟对环境温度非常敏感。在太空中，因阳光的直接照射和地球阴影区域的不断交替，卫星每天的温差上下200多度。谢军带领团队为星载原子钟组设计了一个恒温舱，通过精密的温控措施，将温度控制在设定目标值的±1℃之内。"这1℃的误差所带来的影响，直接关系到我们要求的10^{-14}的精度。我们系统的要求就是这么高，这才能保证我们的星载原子钟300万年只有1秒的误差。"谢军说。

长期从事北斗系统建设工作的研发副总师周鸿伟评价道："谢总是'北斗二号'天基时空基准最重要的开创者。"

的确，"北斗二号"从2004年立项到2012年完成，由 5 颗 GEO、5 颗 IGSO(倾斜地球同步轨道卫星)和 4 颗 MEO 实现组网,可为亚太区域提供导航服务。定位精度从北斗一号的 20~30 米,提高为水平和高程均为 10 米,接近当时的 GPS 民用标准。

星间链路,唯有自己成长为"巨人"

"北斗三号"的预研,于 2009 年启动。2017 年 11 月 5 日,首次发射"北斗三号"的 2 颗全球组网卫星。"北斗三号"系统共由 30 多颗导航卫星组成:3 颗 GEO、3 颗 IGSO 和 27 颗 MEO。2018 年 12 月 27 日,"北斗三号"基本系统正式向"一带一路"及全球提供基本导航服务,向距离全球组网的目标迈出了实质性的一步。目前,"北斗三号"在国内的定位精度可达 4~6 米,部分地区最高精度可达 2.5 米,而在全球的定位精度是 10 米以内。

全球组网,全球服务,是"北斗三号"的目标和承诺,也带来了全新的挑战。

首先是我国的卫星地面站基本都在我国境内,卫星在西半球上空时怎么办?

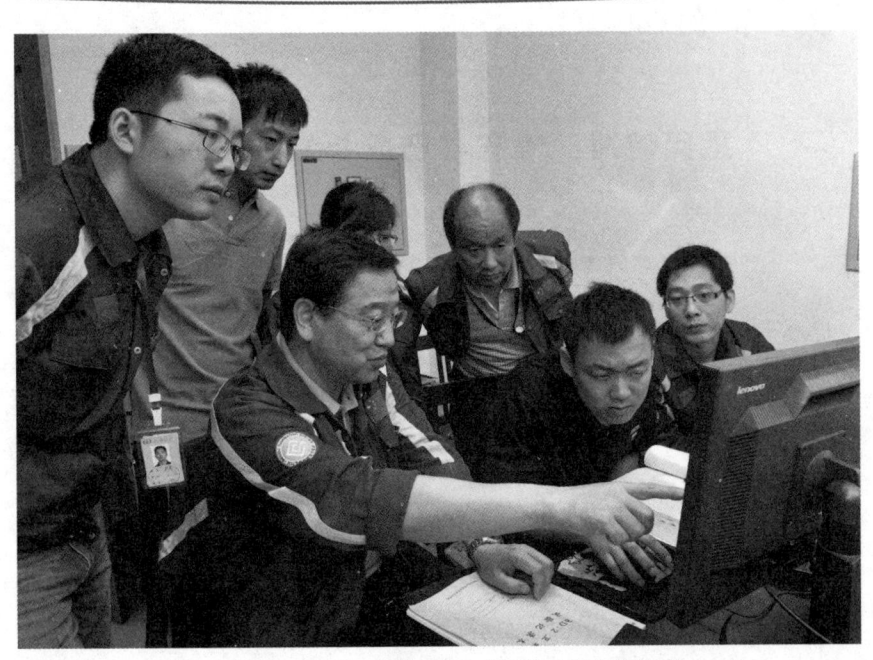

谢军（左三）与"北斗三号"研发团队成员探讨技术细节。
北京神舟航天文化创意传媒有限责任公司 供图

谢军带领团队花了近5年的时间，不仅提出了星间链路高轨和中轨结合的方案，首创了星间链路和混合星座的架构体系，还研发、突破、解决了原子钟组、大功率微波产品、高精度测量等一系列重大难题。

星间链路在空中为"北斗三号"的30多颗导航卫星建了一个"群"：只要依靠国内的地面站，就可管理全球的卫星，解决了海外布站、卫星境外监测的难题，实现了所有导航卫星的互联互通。即使和地面联系一时中断，卫星也能继续提供服务。

GEO运行的是定点在赤道上空3.6万千米的地球静止轨道；而IGSO运行的是倾斜地球同步轨道，星下点在地球上呈"8"字形；而MEO运行的中圆轨道也要距地面2.15万千米。这3种卫星彼此之间最远的距离是6.9万千米，要始终保持联系，谈何容易。

"北斗三号"卫星之间的信号不是采用广播式发送的，而是采用更高频段的窄波束，所以对卫星天线的指向性要求非常高。且由于双方无时无刻不在运动之中，通信天线既要像"万里穿针"般精准，实现信号的快速捕捉、跟踪和通信，还要把卫星运动带来的"多普勒效应"出现的误差补偿掉，这对我国首个创建的大型空间网络来说，是极大的挑战。

更何况，在"北斗三号"的前期论证中，就提出了元器件和器部件全面实现国产化与自主可控的目标，囊括了一颗星上近200台（套）设备，国产设备不再是冗余系统的备份。

谢军对研发团队反复强调："谁也不要以国产化为理由，降低标准。"用于放大无线电信号的行波管放大器，之前一直使用进口产品，按国产化要求有关单位开始自己研制。费了九牛二虎之力拿出了6台产品，却被谢军全部退货。

"当时作出这个决定其实挺难的。"谢军说，"我知道这个新产品用一两年还是可以的，但我们'北斗三号'的寿命要求是提高到10~12年，如果它第3年出问题了怎么办？和大家反复商量之后，还是决定拿下来重新研发。"

质量永远是最重要的，没有过硬的质量，可靠性就没有保障。

"北斗三号"卫星某型号总体技术负责人聂欣说，谢总强调要把所有的创新建立在扎实可靠的数据上，新产品在地面上就要进行全寿命不断电的可靠性试验，以充分掌握其长期性能，如发现问题必须进行改进"归零"。

康成斌说，谢总非常务实，他有句口头禅是"大家不要只提问题，而要提解决问题的方案"。

当"北斗三号"最早的2颗全球组网卫星在西昌卫星发射中心升空时，指挥大厅中的年轻人注意到谢军激情难抑。作为严守质量关的总设计师，谢军率领团队一路披荆斩棘，有时不得不和总指挥一起承担推迟进度的风险，心中的压力可想而知。

李祖洪说，在"北斗"起步之时，我们也希望能站在"巨人的肩膀上"。但"巨人"可不是这么想的，对我们技术封锁，不让我们站在他的肩膀上。所以唯一的办法，就是自己成长为巨人。

他们做到了。他们是中国人的骄傲。

走进航天科技集团五院总体部的大楼，最先进入人们视线的是门厅上的一行大字："伟大事业始于梦想，基于创新，成于实干"，觉得用它来概括中国航天人和航天事业，真是再贴切不过了。

周鸿伟曾有幸在孙家栋院士率领的团队工作过。他说，

谢军在西昌卫星发射中心塔架前,与又一颗即将发射的"北斗三号"卫星合影留念。

北京神舟航天文化创意传媒有限责任公司 供图

孙老平时非常慈祥，但决策时非常果断；而谢军是率领团队在第一线冲锋陷阵的总师，他是抓得住关键，打得开思路，承受得起压力，也经得住失败。而要做到这些，必须没有私心杂念。在谢军身上，我感受到了老一辈航天人的家国情怀。

作为孙老的学生和"徒弟"，孙家栋院士有没有批评过谢军呢？

谢军坦诚地说："孙老当然批评过我，有时批评得还很严厉，要求很明确。"他举例说，"在攻克微波开关这个难题过程中，孙院士就提醒我们：国外的资料为什么这么说？到底对不对？我们能不能验证结果？每一个技术问题都必须研究透了，你心中才有底。现在，我们院已经把老一辈航天人的作风化作具体的工作指南和制度。"

2020年，"北斗三号"服务范围覆盖全球后，还会研制新一代的北斗导航卫星吗？

谢军笑着说："肯定会。卫星的应用，取决于人的想象力。我们期望能融合多种手段，为社会打造一个新的综合性PNT（定位导航授时）体系。北斗未来，大有可为；未来已来，敬请期待。"

徐鉥：研制中国快堆是"替天行道"

京郊燕山脚下，静卧着一座核城——中国原子能科学研究院。

这是中国原子能科学的发祥地。上个世纪五十年代末，中国第一座重水反应堆就诞生在这里。

如今，我国第一座实验快堆巍然耸立在核城的西南角。它标志着我国第四代核反应堆建设的第一步已经成功迈过。

徐鉥，1995年担任国家"863计划"中国实验快堆总工程师。2017年，他荣获首届全国创新争先奖章。

领衔建造实验快堆的总工程师,是中国工程院院士、中核集团快堆首席专家、国家能源快堆工程研发(实验)中心学术委员会主任徐銤。

我国是世界上第8个拥有第四代核反应堆——快堆技术的国家。我国快堆工程发展的第二步——示范快堆,作为国家重大核能科技专项,已于2017年12月29日在福建霞浦正式开工。

快堆的意义何在?"首先发展增殖堆的国家将在原子能事业中得到巨大的竞争利益;会建增殖堆的国家,实际上已永远解决了它的能源问题。"世界著名物理学家、诺贝尔物理学奖获得者费米的话,影响了徐銤一生。

目前,世界上商业运行的450台核电机组大多是第二代核电站。进入新世纪,全世界核能技术领先的国家都在竞相研发第四代核电技术。作为第四代核电站的快堆,是我国发展可持续的清洁能源的必然选择。

徐銤在快堆主控室。 徐 銤 供图

"快堆,把铀资源的利用率提高了60倍!"

徐銤是中国快堆事业的开拓者和奠基人之一。

但对大多数业外人士来说,快堆,是个全然陌生的概念。

中国实验快堆(CEFR)的全称是"钠冷快中子增殖反应堆"。在实验快堆一楼大厅里,矗立着一座快堆的模型。

"实验快堆的主容器高12米,直径8米。中间的堆芯装有81盒6角型的燃料组件,每盒组件中有61根燃料棒。每个燃料棒上还有绕丝,以保证导热的钠液可以流入。"中国原子能科学研究院总工程师、研究员张东辉介绍说,"如有燃料棒需要更换,快堆还可以实现封闭式换料。"

快堆主控室正面墙上,中间是2个大屏幕,正显示操纵员关注的系统信息。屏幕两侧的仪表设备,显示着整个快堆200多个子系统的实时工作状况。大厅中央有2排控制台,由值班长和3名操纵员分头负责,可对反应堆、主要分系统和机电设备实施操控。

快堆与第二代、第三代核电站相比,优势究竟何在?

投身快堆研发 50 年的徐銤院士介绍了快堆的两大特点："一是它能增殖易裂变核燃料。自然界的天然铀，只有铀-235 才是易裂变核燃料，但它在铀矿中的丰度只有约 0.7%，而不大能裂变的铀-238 却在天然铀中占到 99.2% 以上。在第二、第三代压水堆中，铀-238 是无法发生裂变反应的；而在快堆中，核燃料是钚和铀-238，钚裂变释放的快中子会被装在反应区周围的铀-238 吸收，又变成能裂变的钚，且生成的钚比消耗掉的还要多，裂变反应就此循环持续下去，称之为'链式反应'，快堆也因此称为'快中子增殖反应堆'。它真正消耗的是占到 99.2% 以上的铀-238。在快堆的闭式燃料循环系统支持下，它把铀资源的利用率从压水堆的 1% 左右提高到 60% 以上。由于利用率的提高，更贫的铀矿也值得开采。如此，就不怕经济可采铀资源的有限性，能保证核电长期应用。"

仅此一点就不可小觑。一座百万千瓦级的压水堆核电站，在其 60 年寿命周期内需要大约 1 万吨天然铀用作燃料。

根据有关世界能源组织之前公布的数据，地球上无论是石油、天然气、煤炭，还是铀矿的现存储量，可开采年份大多在 100 年以内，而快堆如果能将铀资源的利用率提高 60~70 倍，这对国家的能源安全是巨大的贡献，还可大大减少二氧化碳的排放。

快堆的第二个特点是，快堆中的快中子可以把压水堆用过的核燃料中的高放长寿命次锕系核素镎、锔等当燃料裂变掉，放出热能发电，变废为宝。不仅如此，压水堆用过后的燃料中长寿命裂变产物如碘-129 和锝-99 等还可以在快堆中嬗变掉，变成一般的短寿命裂变产物，或变成稳定同位素。所以快堆可使原来需要作地质贮存的高放废物量大大减少，降低地质变动下环境受放射性污染的风险。

这让人顿悟，为什么徐院士常对他的学生说，我们发展快堆是"替天行道"。之前的压水堆核电站乏燃料里的钚和锕系核素（MA）要存放 300 万 ~400 万年，才能达到与天然铀同等的低放射水平。而快堆的一般裂变产物，只要 300~400 年，就能与天然铀的放射水平一样低，极大地降低了其贮存的风险和成本。而且，据专家初步估算，一座焚烧快堆可嬗变掉 5~10 座相同功率的热堆产生的 MA 量（即支持比为 5~10）。

"快堆是真正的清洁能源，以最小的环境代价帮助人类实现可持续的发展，"徐銤笑着说，"国家是天，人民是天，我们发展快堆，真是为国家'替天行道'啊！"

"最困难时，总想起周总理特批 50 公斤铀"

扬州人有句老话："从小看八十。"

徐銤，1937年4月出生于江苏扬州。生肖属牛，生日为农历2月26日，民间又称为"春耕牛"。徐銤长大后，亦以此为自豪，常以"春耕牛"自勉自励。

徐銤生下才3个月，宛平城破，"卢沟桥事变"爆发，中华民族到了最危险的关头。国难当头，父亲徐戡给他的头生子起了个名字"銤"。"我父亲后来对我说，当时国家要抗战，但既缺钱又缺粮，所以起了个'銤'字，既有钱，也有米，就是希望国家能强大。"

"銤"在化学元素表上排序76号。徐戡化学造诣颇深，抗战爆发前，在上海水利学校当化学老师。他4个子女的名字都以化学元素命名，小儿子取名"铱"，大女儿叫"铂"，小女儿就叫"铀"。"我父亲有3柜子的化学试剂和烧杯，但日军进攻上海时，一颗炸弹把我父亲的书和仪器都炸掉了。"徐銤说，"于是，父亲携家带口逃到扬州，当中学老师。后来日军又占领了扬州，父亲怕日本人逼他去做炸药，就在公开场合故意'手抖'，拿不了试管，于是改当了数学教师。"

但父亲对化学的爱好，还是在徐銤的心中播下了种子。他3岁起就学父亲样，用加了墨汁的水在烧杯里倒来倒去。他清楚地记得，当时买不到雪花膏，父亲就从玉簪花里萃取香精，让孩子们把干净的雪捧进盆里化成水，然后再做成雪花膏。

"我父亲是个了不起的人。"徐銤说。1955年高考时，清华大学希望徐銤去读工程物理系，徐銤以为这是"做工程的"，说没兴趣。还是父亲告诉他："工程物理是为国家研究核工程的。中国要是没有核武器，就要被人家欺负。"这一句话，点醒了徐銤。

这一届的清华本科读了6年。1961年，徐銤从清华大学工程物理系毕业，进入二机部北京601所（即中国原子能科学研究院的前身）。当时，601所汇聚了吴有训、钱三强、王淦昌、彭桓武、朱光亚、王承书等一代领军人物，徐銤不仅亲见他们骑着自行车上下班的身影，还听过他们不少教诲，深受鼓舞。

1965年，徐銤第一次听说了快堆这一国际前沿课题。3年后，他正式进入快堆的科研队伍。1964年，我国刚爆炸了第一颗原子弹，高浓铀十分紧缺，但周恩来总理还是特批了50公斤浓缩铀用于我国第一个快堆零功率装置'东风六号'的启动实验。1970年，他参加了我国第一个快堆零功率装置——"东风六号"的启动实验。1970年6月29日夜里11点多，零功率装置达到临界。那天正好徐銤值班，"当宣布零功率装置达到临界，大家好激动啊……"徐銤回忆说。

虽然"零功率"并不是绝对没有功率，只是功率低于100瓦，但就是这小小一步，却让快堆就像中子一样在他的心中不断地裂变增殖，再也停不下来了。

成功的路上总是遍布荆棘，国家和个人都是如此。1971年，一道调令，将快堆的300多名研究人员全部从京郊房山调往四川夹江，徐銤也奉命举家从北京迁往四川夹江，一去16年。"这16年，是我科研生涯中最艰难的日子。"徐銤坦陈。

当时正值"文革"，科研也没有了项目。老专家戴传曾悄悄叮嘱徐銤说："你千万别把快堆的事情放掉，在那里要多多跟踪了解国外的快堆是怎么发展起来的。"

这一句话拨云见日，让在夹江的山沟沟里难得见到太阳的徐銤心中豁然开朗。夹江虽然没有食堂，所幸的还有个图书馆，这是科技信息的泉眼，为徐銤连接起了北京和世界。山里木头多，别人无所事事买木头打家具，他却拉着核燃料元件组的同事整天钻图书馆研究快堆的文献。在那里，徐銤他们竟然还进行了快堆最初的理论设计和工程设计，做了一个快堆的简易模型。

让徐銤最痛心的，不是夹江生活条件的艰苦，而是一大批同事因各种原因离去。最初的300多人只剩下108人。上世纪80年代初，徐銤自己也曾有一个可以去竞聘国际原子能机构职位的好机会，但他没有动心。他对同事和家人说："我们这么大一个国家怎么能没有快堆呢？在我国科研经费匮乏、高浓铀十分紧缺的时候，周总理曾特批50公斤高浓铀给我们做实验。每当想起这段往事，我总感到心里沉甸甸的。如果不取得像样的研究成果，我是不会离开的。"

正是这份沉甸甸的责任感，托起了中国的快堆。1986年的春天，徐銤奉召来到北京，参与国家"863"高技术

中国第一座实验快堆。

郑蔚 摄

项目的申报。当徐銤代表快堆项目汇报时,他从理论设计到工程设计,厚积薄发地娓娓道来,赢得了一致的好评,快堆因此列入了"863"国家科研计划,终于上马了。

1987年,徐銤和他快堆组的成员正式从夹江班师回朝。

"我们必须保证建设的是绝对安全的快堆"

建设快堆虽然列入了国家"863"计划,但并不意味着发展从此一马平川。1997年,正当实验快堆进入初步设计的时候,一则"法国超凤凰快堆电站寿终正寝"的消息,引发了一些人的质疑:"你们怎么敢在首都北京建快堆,万一出了核事故怎么办?"

每当遇到质疑和诘难,徐銤就从上到下、八方奔走地去释疑解惑,做快堆的"科普"工作。

其实,这个问题徐銤他们何尝没有想过。徐銤说:"快堆的安全性,一直是我们首要解决的核心问题。早在夹江的时候,我们就在研究快堆的安全性,如遇到意外情况,堆芯会不会烧穿?在不同的环境下,放射性会不会泄漏出来?我们的结论是,快堆在安全性上也是核能领域的'优等生'，而且我们采用的钠冷快堆，又是技术最成熟的堆型。"

纵观世界核能发展中的意外事故，无外乎三种类型：反应堆不能停堆；堆芯的热量无法有效地从堆内导出；从反应堆中泄露出的放射性物质没能包容在电站内部，进入了电站之外的公共空间。

徐銤说："对这几种事故的预防，正是快堆比其他堆型更优之处：首先，在钠冷快堆中，我们将反应堆设计为负反馈的堆芯，依靠自身的温度参数变化能'自动'降低反应堆功率。快堆控制棒组件里所装棒束落下行程比压水堆要短，并且由于快中子反应原理决定，一旦只要有 1 个棒束落下就能对全堆造成停堆效果。我们的快堆设计了 3 套停堆系统来保障反应堆能够成功停堆，其中有 1 套是非能动的停堆系统。"

他边画一张实验快堆的结构示意图，边指点讲解："我们的实验快堆采用'钠—钠—水'三回路设计。位于核岛的一回路为一体化池式结构，池子中装满了两三百吨钠液。金属钠在常温下是固体的，但加温到 98℃就会熔化，变成液体。为什么我们不用水来导热，而用钠来导热？因为水的导热率只有 0.577，而钠的导热率是 71.2，纳的导热率是水的 100 多倍。正因为纳的导热率如此之高，所以它会把堆芯中的热量迅速导出，不仅可将核岛的热功率最大化地转化为电功率，而且可同时有效地控制温度，不会因堆芯无法散热而烧坏。"

实验快堆堆芯下方是低温钠液，堆芯的入口温度是 360℃，堆芯上方的出口温度是 530℃。二回路的蒸汽温度是 480℃，这些都远远低于钠在常温下的沸点 881.4℃。因此，一回路内只需要保护气体氩气有微微正压即可，这点微压对堆容器是非常安全的。

实验快堆还采用了不依赖外部电源和人工操纵的非能动余热导出系统，其热交换器和空冷器连接，完全依靠自然对流和自然空气循环导出余热，从根本上解决了余热排出难题。

2011 年 3 月日本福岛核电站大事故的原因，就是海啸破坏了电力供应，导致无法启动水泵用水给核堆降温，最终堆芯熔化烧穿，引发高温蒸汽爆炸，令放射性物质溢出扩散。而实验快堆的非能动余热导出系统因不需要电力和人工干预，可从根本上避免类似事故的发生。

参与实验快堆设计的俄罗斯专家原本将这非能动余热导出系统设置在二回路的管道上。而徐銤根据"以我为主，中外合作"方针，坚持将非能动余热导出系统直接建在主容器的一回路内，一旦发生故障，不必再人工一个个打开阀门，可确保系统立即自主启动响应。

仅此，双方专家就在谈判桌上各执一词，互不相让。历经3次谈判，俄方才接受了徐銤的设计方案。实验证明，这一创新不仅可行，而且使安全性更为可靠。张东辉说："徐院士的方案使我国快堆成为世界上第一个唯一采用此方式排出事故余热的快堆。因此与世界上已建快堆相比，它是最安全的一座快堆。"

在全体快堆人的努力下，2010年7月21日快堆首次临界；2011年7月21日快堆并网发电，标志着我国成为世界上第8个拥有快堆技术的国家。是年，已74岁的徐銤当选为中国工程院院士。2014年12月18日，快堆实现了满功率72小时运行。该堆热功率为65万千瓦，电功率20万千瓦。

"我们的快堆是一个低压系统，即使在最严重的事故情况下，安全壳内的压力升高也很小，使得比较容易把放射性物质包容在安全壳内，不会扩散到厂区以外。"徐銤说，"在正常情况下，我们的快堆每年最大放射性为0.05毫西弗，仅为国标0.25毫西弗的五分之一。"

徐銤反复强调，实验快堆的建成是全体设计者和建设者的功劳。该课题研究共获奖91项，其中国家科技进步奖3项，已获专利80余项。

截至2018年年底，我国投入商业运行的核电机组共44台，装机容量44.6百万千瓦，我国核电的年发电量为67 914.20亿度，仅占全国发电总量的4.22%，大大低于全球发电总量中核电占比10%的平均水平，这说明我国发展核电的空间巨大。

在中国原子能科学研究院的中心花园里，矗立着钱三强和王淦昌这两位老院长的塑像，早春的阳光洒在塑像和翠柏上。

60多年来，共有60多位两院院士在此建功立业。他们似群星闪耀，令人肃然起敬。

耄耋之年的徐老，一头银发，精神矍铄，面色红润，身板笔挺，语言幽默，略带江南口音。聊得兴起时，朗声大笑；要紧之处，迅速地在笔记本上查出关键数据，思路清晰。那笔记本上的字体，娟秀端庄，真的是字如其人。

告辞徐老和他夫人,见那辆从四川夹江带回北京的"永久"牌载重自行车，依然停在他家门外的墙边。车身上一张黄色的牌照"京房山0078009"，格外醒目。掐指算来，徐老骑着它风里来雨里去，已有46个春夏。

"徐老是院士，年事已高，他来上班，按规定院里要派车的，但他坚持骑自行车。这让我们很担心，因为从生活区到工作区路窄车多，已发生过多起交通事故。"张东辉有些担忧地说。

"他们都反对我骑自行车，"徐老笑着说，"我从80岁以后就不骑车了，要出门买东西我就推着自行车去。"

他还是离不开自行车。就像一头老黄牛，耕了一辈子的地，已经离不开犁铧。

这时，天上淅淅沥沥下起雨来。

春雨来了。这一夜，北京胡同里的柳树被这雨丝滋润着。翌日一早，枝条上就萌出了一排排嫩芽。

"春耕牛"从心底里喜欢这春雨呢。

叶聪：深潜，潜到比"海洋超深渊层"还要深

大洋浩瀚，它的最深处究竟有多深？

1960年，美国潜水器"迪利雅斯特"曾在马里亚纳海沟下潜到10916米。10916米的深度，可以"放下"一座海拔8844米的珠穆朗玛峰，但它是否一定就是全球大洋的最深处？学界尚无定论。

"自古以来，资源的禀赋往往决定着一个国家的实力和未来。"全海深载人潜水器"奋斗者号"总设计师叶聪说，"海洋深处有数不尽的秘密和宝藏等待着我们去发现。"

2019年9月，中华人民共和国成立70周年前夕，中宣部、中组部等授予载人深潜英雄集体"最美奋斗者"荣誉称号。

全海深载人潜水器"奋斗者号"的目标,是能实现大于万米的载人深潜。4年来,"奋斗者号"潜水器经过方案设计、初步设计和详细设计,完成了总装和陆上联调,于2020年3月开展水池试验。在水池试验过程中,多名潜航员承担了水池下潜培训等测试任务。如今,"奋斗者号"已成功完成了水池试验,试验结果表明,该潜水器性能良好,状态稳定。

叶聪给人的第一印象是沉稳而又平实。无论说到他和团队遭遇的坎坷,还是赢得的成功,他始终语气平缓,就如他一贯的风格,似乎他设计的不是堪称"大国重器"的载人潜水器。这要是平常人,哪怕是想一想要去遨游海洋最深处的马里亚纳海沟,就该多激动和神往啊!

人都说叶聪运气特别好。2001年从哈尔滨工程大学船舶工程专业毕业,就进了他向往的中国船舶集团第七〇二研究所;仅仅两年后,又当上了"蛟龙号"总布置主任设计师。

这一切,其实既缘于他赶上了我国载人潜水器快速发展的好时代,也缘于叶聪从小就是个军迷,能亲手造潜艇、造军舰是他少年时代就萌发的夙愿。

叶聪，1979年11月出生于湖北武汉黄陂。黄陂北面紧靠大别山的余脉，历史上也出过不少名人，有着国人家喻户晓的"木兰故里"。黄陂人崇尚技艺，民间多"九佬十八匠"，金匠银匠铜匠铁匠锡匠石匠木匠雕匠鼓匠漆匠皮匠……让人数不过来，笃信的就是本分老实、凭真本事立足四方。

叶聪能保持这么一份爱好，还得益于他开明的父亲。父亲叶大群喜欢读《文汇读书周报》，对儿子的志向十分尊重，也从不干涉儿子的课外阅读，这让现代化的舰艇，为叶聪打开了无限想象的天地。但父亲给他钱订《舰船知识》《兵器知识》，他偏不肯订，因为嫌订阅的杂志总是姗姗来迟，情愿自己每月到报亭去买，以先睹为快。后来他发现，文清路报刊批发市场出刊比报亭还早，所以索性赶到报刊批发市场去买还带着油墨香的杂志，完全迫不及待。

1997年高考，他没有报本省名校，而是选择了前身是"哈军工"的哈尔滨工程大学。对儿子远走高飞的抉择，开明的父母亲没有反对。

2001年，他从哈尔滨工程大学船舶工程专业毕业，看上了远在无锡的七○二所。第二年,"7000 米载人潜水器"项目启动,已退休了 6 年的我国深潜技术的开拓者徐芑南,被吴有生院士请回来担任总设计师。所领导号召说,"新课题、新任务,需要大批新人参与",叶聪一看徐老都回来当总设计师了,就说:"那就跟着总师干吧。"

2003 年,职称还是助理工程师的他当上了总布置主任设计师,成为整个"7000 米"项目团队 11 个分系统中最年轻的负责人。按理说,要领衔一个分系统,至少要在所里吃上五六年的"萝卜干饭",叶聪何来这么好的运气?

"蛟龙号"项目副总设计师胡震说,当时进所的大学生不少,但所里项目少、收入低,在无锡市属于中下水平,一些大学生跳槽了。而叶聪心沉得下来,喜欢钻研,处理问题有条理,让我们觉得靠谱。

这"总布置主任设计师",究竟是干什么的?

"总布置设计师是船舶建造的一个专门岗位,就是既要负责全部船用设备从船艏到船艉安装的空间布局,又要管船舶全生命周期的作业时间流程,比较接近于'造船总体师'的概念。"叶聪解释道,"这个岗位对我的锻炼很大,因为要通过成百上千次的计算、分析,编写报告和绘制图纸，完成每个设计阶段潜水器最重要的设计文件和图纸，包括深潜的操作流程和潜水器总图。这让我对潜水器的每一个部件都了如指掌，对每一个操作环节都能把时间精确地控制到分钟级别。"

但其实，此时的叶聪还没有见过真实的深海载人潜水器。

"那时候，我们整个七〇二所只有包括徐总师在内的两个人见过真的载人潜水器。所以这项目确实是个挺大的挑战，存在着很多风险。"

也因此，就有媒体说，你们好不容易看到国外电影中偶然出现的载人潜水器，就赶紧模仿。

这说法夸张得让叶聪笑了："当时确实凡是能找到的国外载人潜水器的资料，我们都会去认真分析研究，但我们的研发还是从整个项目的目标出发的：首先明确我们的载人潜水器是要用来做什么的？实现这个目标需要哪些设备和部件？而这些设备和部件又需要多少能源和多大空间？最后，将这所有的需求，归结到整个潜水器的耐压能力、供电能力、驱动能力、信息反馈和控制能力等。我们从目标出发来层层反推，进行优化。"

蛟龙入海。 中国船舶集团第七〇二研究所 供图

一年后，叶聪所在的团队拿出了"蛟龙号"的草图，走的是"自主设计、集成创新"的技术路线。

"蛟龙号"当初立项时，还只是个"五年计划"，计划 2007 年建成结项。但当时，国内船研所还普遍没有计算机仿真设计、三维建模的能力。2003 年，他们土法上马造了一个钢球体模型，里面的设备用木模代替。但中国深海载人事业对国际水平的追赶，不仅是一家科研团队的追赶，更是整个深海载人潜水器产业链的追赶，谈何容易。

首次下水就沉了底，他却偏不急着浮起来

建造这深海蛟龙到底有多难？

最初的下潜深度曾设想为 4000 米，而立项时，国家海洋事业大发展的需求，将下潜深度改写为 7000 米。

根据海洋的深度，通常分层为：0~200 米，海洋上层；200~800 米，海洋中层……4000~6000 米，海洋深渊层；6000 米深度以下，海洋超深渊层。

海洋爱好者自然会问："为什么要将'蛟龙号'的深度定在 7000 米？"

"如果它能达到 7000 米，那它的深潜能力就已经覆盖了全球 99.8% 的海域，全球大于 7000 米深度的海域不过 0.2%。这 0.2%，通常被称为'深渊'。"叶聪说，"今天，这深渊对全球的科学家来说，依然存在太多的谜团，有太多的科研和经济价值。"

虽然"迪利雅斯特"深潜器早就创下了深潜 10916 米的世界纪录，虽然电影《阿凡达》的导演卡梅隆在 2012 年 3 月独自一人驾驶着"深海挑战者号"，潜到了 10898 米的海底，"但这两种深海载人潜水器都是探险型的，而'蛟龙号'则是作业型的。这区别，简单地说就是，我们不仅是去看看海底究竟是啥样的，还是可以在海底搞科研、干活的！"叶聪强调说。

2005 年，叶聪终于亲眼见到了深海载人潜水器。那次参加中美联合深潜活动，他有了两次 2000 米级别的大洋热液区下潜的机会。"当时，美国科考船上的很多科学家得知我是中国 7000 米级载人潜水器项目的设计师，他们都很吃惊，认为不可思议。因为当时美国人自己的作业型载人潜水器也不过 6000 米级别，而且我国当时最好的业绩也就是 600 米级别的载人潜水器，一下子要跨越这么大。"叶聪说,"但这次活动,对我是一个学习如何高水平地运行管理潜水器的好机会。"

正是这难得的技术和经验积累,2007年,当"蛟龙号"需要驾驭它的潜航员时,叶聪毛遂自荐,成为首个潜航员。

"每下潜10米,会增加一个大气压力,10个大气压等于1个兆帕;下潜到7000米时,'蛟龙号'就要承受700个大气压、70兆帕的压力。那时,'蛟龙号'每平方米要承受的压力是7000吨。"叶聪说,"由此引起的高压、密封、腐蚀、绝缘等技术难题,都必须一一突破,稍有不慎,后果不堪设想。"

非专业人士可能不太好理解70兆帕压力意味着什么。你知道切割钢板的水刀吗?水刀的压力只有4兆帕,4兆帕就可以切割开钢板,那还只是"蛟龙号"潜到400米时承受的压力。

曾寄希望5年内建成的"蛟龙号",直到2007年冬天才下水。这"下水"还不是下海,只是下七〇二所里的试验水池。

"第一次下水池就出现了故障,试验刚开始,'蛟龙号'应该是中性状态,也就是漂在水面上的,但突然它沉到了池底，我们都不知道发生了什么。尽管事前有各种应对方案，万一沉底时叶聪应当怎么自救起浮，但 5 分钟、10 分钟过去了，一点动静也没有。因为'蛟龙号'在水池里是没法和地面通信联络的，负责人马上派了好几个潜水员潜下去看，想知道到底怎么回事。但直到 20 分钟以后，'蛟龙号'才浮上来。原来，突发沉底，叶聪也很急，但他首先不是想自己先浮上来安全了再说，而是想先要在水底把故障排摸清楚。就这一件事，让同事们都觉得他遇险不慌、责任第一、堪当重任。"胡震说。

整个"蛟龙号"，深潜时最危险的是什么？

"整个球体的耐压肯定是最重要的。"叶聪说。

"蛟龙号"是载人潜水器，但它又与潜水艇不同。潜艇的艇身是一体的，人员、动力、装备都在潜艇的耐压壳体内；而"蛟龙号"的内径 2.1 米的驾驶舱是个独立的耐压球体，它的动力、通信等设备也都是独立的系统，有 100 多个水密接插件和电缆通过耐压球体上的 9 个贯穿件，将驾驶舱与设备彼此相连。

这 9 个贯穿件是阿喀琉斯之踵，万一泄漏了怎么办？

"对啊，这 9 个贯穿件是否经得起 70 兆帕的压力、不渗漏是关键之一。"叶聪说。

怎么才能知道贯穿件不泄漏呢？

"那时，有人开玩笑说，下潜后，要一刻不停地拿舌头去舔每个贯穿件。因为一旦舌头上有咸味了，就说明海水进来了。"他幽默地说。

最危险的时刻，他把生命支持系统关了

"'蛟龙'呼叫'向9'，目前潜水器工作正常，请求下潜！"

叶聪在潜水器里呼叫工作母船"向阳红9号"上的现场指挥。

从2009年起，"蛟龙号"开始了历时4年的海上试验。"这4年的海试经历，让我毕生难忘。"叶聪说。

首次海试，"蛟龙号"还没有潜下去，就和"向阳红9号"失联了，无线电通信怎么也联系不上。

原来，无线通信有个"苹果波效应"，无线信号的发射天线位置越高，天线底下的信号就越差，而"蛟龙号"恰恰就在"向阳红9号"船边的海面信号盲区位置。

叶聪完成深潜任务后,胜利出舱。

中国船舶集团第七〇二研究所 供图

后来，试验队想出了绝招，索性将无线通信天线正对着海面漂浮的"蛟龙号"，自嘲是"海上的中国移动"。

但无线信号在水中的传递效果依然很差，无法将数字再还原为语音。他们不得不临时采用最原始的"摩尔斯电码"救急，以保持联络。

而如今，他们已经用上了最先进的声呐通信方式。不仅可以传输语音，还可以传输图像。

深潜的感受如何？

"'蛟龙号'里没法安装空调，所以如果我们是夏天深潜海试的话，一关上顶上的舱门，温度就会有38~40℃，但通常我们是顾不上热，因为潜水器相对船舶来说太小了，海浪和洋流让它剧烈摇晃。海船上一般会有一个'摇摆钟'，一根指针指示着船体的摇摆幅度，通常13度就是'惊慌角'，超过13度船上的人就开始难受紧张了。而'蛟龙号'最大的纵横倾达到过60多度，很多人都吐了。"叶聪说。

下潜后，"蛟龙号"反而平稳了。下潜速度是1分钟40~50米，比每分钟升降60~100米的电梯速度要慢。海水中的阳光从有到无，300米以下基本漆黑一片。深度 1000 米以下，基本看不到大型海洋生物了。水温也随之下降，潜到 3000 米，舱外水温大约是 8℃，而舱内是 20℃；到水深 7000 米，舱外是 2℃，而舱内降到 10℃，必须穿加厚的工作服了。

潜得越深，是不是故障发生就越多？

"恰恰相反。我们发现从 1000~3000 米，是深潜的一个门槛，大多数故障都出现在这个区段。而 5000 米以下，反而越来越顺利，海底也越来越宁静，洋流也越来越平稳，真的是深水静流。"

叶聪说："我们之前说的防止贯穿件泄漏的难题，在潜到 1500~2000 米时就出现了。当然不是靠舌头去舔，而是测量贯穿件和外壳之间的阻抗变化来发现的。奇怪的是，当潜水器上浮到 1500 米以上，泄漏报警就消失了，再潜下去不到 2000 米，就又泄漏报警了。这怎么办？不解决这个问题不能再往下潜了啊。"

边海试，边发现问题，边排除故障，边改进设计，不解决问题不深潜。这是"蛟龙号"海试的铁律。

怎么找到故障原因呢？唯有回到发生故障的深海去。胡震说，叶聪非常不容易，反复将"蛟龙号"潜到 1500

米以下，等故障再次发生后，一个系统一个系统地查找原因。这是非常危险的。因为他必须先把系统关了，停运，测试，再启动，再测试，这些系统也包括生命支持系统，关了风险非常大。但叶聪胆大心细，连续查找了几天后，终于查出了故障原因，海试才得以继续进行。

还有一次险情发生在从300米深潜上浮过程中，作为潜水器动力电源的蓄电池"砰"的一声突然爆炸了。叶聪沉着应对，驾驶"蛟龙号"平安返回母船。他和有关专家一起研究分析，事故症结终被破解。

正是"不准带问题下潜"的海试，将"蛟龙号"深潜中可能出现的问题大都解决在3000米以上，到了5000米以下，反而很顺利。

2012年6月24日，他驾驶的"蛟龙号"首次潜到了7020米。

深潜7000米，下潜3个半小时顺利抵达。抛第一组压载铁，取得"中性浮力"，悬浮在海床之上，作业完毕后，再抛第二组压载铁，仍以3.5小时的速度平安返回海面。

目前，全球下潜深度超过1000米的载人潜水器只有12艘。而能下潜超过6000米的潜水器，只有中、美、日、法、俄这五国拥有。其中，能有深海悬停功能的深潜器，唯有中国一家。"深潜器必须能应对外部洋流冲击和克服自身作业的影响，才能实现深海悬停；而只有深海悬停，才更有利于海底科考作业。"叶聪说，"如果'蛟龙号'今天在7000米海底放下一把扳手，只要经纬度准确，明天肯定能把它再找回来。"

2017年12月，服役10年的"蛟龙号"进厂整修升级。它总共下潜了158次，首席潜航员叶聪驾驶了它50次。

叶聪觉得自己最对不起的就是父母了。2016年，他父亲住院需要做心脏手术，他只在医院陪护一周。父亲一出院，他就参加"蛟龙号"在太平洋的试验性应用航次去了。

而他团队中的另两位年轻设计师刘帅和姜旭胤则认为"叶总师是孝子"。就是那次叶聪父亲住院时，正好有项目材料必须尽快报科技部，结果他俩好几次半夜一点钟赶到医院，和陪夜的叶聪就在医院走廊的灯下修改文件，他俩回到所里都凌晨3点了。

有人问叶聪，你在海试时没有害怕过吗？

"有一次5000米深潜上浮时，因为风浪太大，'向阳红9号'两个小时都没有找到我们。而我们的舷窗都是向下的，既不见天、又不见船。和母船失联后，在茫茫大海中真觉得自我的渺小和无助，体会到什么叫'沧海一粟'。"

2009年，叶聪担任了4500米级载人潜水器"深海勇士号"的副总设计师。历经8年艰苦攻关，研制终获成功。他任总设计师的全海深载人潜水器"奋斗者号"已于2020年建成。2018年，他被任命为七〇二所副所长；年底，党中央、国务院授予他"改革先锋"光荣称号。

在取得一项项成功、成为被公众关注的"高光行业"后，叶聪又在想什么？

"说真心话，我觉得今天的环境与我们当初太不同了。当初，我们就是为了造'蛟龙号'而拼命努力，整天满脑子想的就是怎么解决难题，怎么才能不失败，因为困难确实太多了，谁也没有想到荣誉。而今天国家给的荣誉这么多，我们的心还要静得下来，回到当年的心态，这是个考验。"

"奋斗者号"建成后，你们还会去哪里深潜？

"肯定是在大洋深处啊。'奋斗者号'是全海深载人潜水器,顾名思义,就不会以'万米'为限。过去我们去不了的'海沟',未来,就会是'奋斗者号'奋斗的地方。"叶聪笑着说。

图书在版编目（CIP）数据

国之重器 / 郑蔚著 . —上海：少年儿童出版社，2020
（少年读中国）
ISBN 978-7-5589-0985-6

Ⅰ.①国… Ⅱ.①郑… Ⅲ.①科研人员—先进事迹—中国—现代—青少年读物 Ⅳ.① K826.1-49

中国版本图书馆 CIP 数据核字（2020）第 157650 号

少年读中国
国之重器
郑　蔚　著

章金昇　绘图
章金昇　装帧

出版人　冯　杰
责任编辑　庞　冬　　美术编辑　章金昇
责任校对　陶立新　　技术编辑　许　辉

出版发行　上海少年儿童出版社有限公司
地址　上海延安西路 1538 号　邮编 200052
印刷　天津旭丰源印刷有限公司
开本 890×1240　1/32　印张 6.5　字数 98 千字
2020 年 11 月第 1 版　2022 年 3 月第 4 次印刷
ISBN 978-7-5589-0985-6 / Ⅰ·4649
定价 45.00 元

版权所有　侵权必究